Mach aus deinem Herzensthema ein Buch!

Von der Idee zum erfolgreichen Ratgeber

ANNE-KERSTIN BUSCH

Mach aus deinem Herzensthema ein Buch!

Von der Idee zum erfolgreichen Ratgeber

Bibliografische Information der Deutschen Nationalbibliothek:
Die Deutsche Nationalbibliothek verzeichnet diese Publikation in der
Deutschen Nationalbibliografie; detaillierte bibliografische Daten sind
im Internet über http://dnb.dnb.de abrufbar.

© 2015 Anne-Kerstin Busch, www.anne-kerstin-busch.com
Coverfoto: Valeri Potapova - Shutterstock
Porträt-Foto: Rosel Grassmann, http://rosel-grassmann.de/

Herstellung und Verlag: BoD – Books on Demand, Norderstedt

ISBN: 978-3-7386-4968-0

Inhalt

Vorwort: Warum Sie ein Buch schreiben sollten	7
Den eigenen Schreibfähigkeiten vertrauen	11
Welcher Schreibtyp sind Sie?	19
Die Einzigartigkeit als Sprungbrett zum Erfolg	26
Ihr Kernthema – das Fundament für Ihr Buch	34
Der Blick über den Tellerrand	37
So wird aus den Zutaten ein Buch.	42
Das Geheimnis spannender Kapitelüberschriften	49
Viel Material und immer noch kein Durchblick?	54
So halten Sie Ihre Leser bei der Stange	58
Die Einleitung als Türöffner	61
Lebendige Fallbeispiele kreieren	65
Das Buch mit Interviews aufpeppen	71
Spannende Übungen zum Ausprobieren kreieren	76
Die weise Wahl der Worte	82
Das Buch durch Zitate beleben	87

Das Vorwort: Der Türöffner für den Leser	89
Kreatives Zeitmanagement für Autoren	95
Wenn der Schreibflow ausbleibt	101
Ausblick	106
Lesetipps	107
Die Autorin	109
Online-Kurs: »Jetzt schreib ich das verflixte Buch!«	110
Durch Schreiben zum Erfolg	111
Weitere Bücher der Autorin	113
Zu guter Letzt	114

Vorwort: Warum Sie ein Buch schreiben sollten

Nehmen wir mal an, Sie gehören zu den glücklichen Menschen, die ihre Berufung gefunden haben. Vielleicht haben Sie herausgefunden, dass Sie andere Menschen sehr gut zu einem bestimmten Thema beraten können. Oder Sie haben entdeckt, dass Sie in einem Heilberuf glücklich sind. Vielleicht haben Sie gerade damit begonnen, Ihre Selbstständigkeit aufzubauen oder Sie haben schon seit Jahren einen festen Kunden- oder Patientenstamm. Doch nun möchten Sie noch mehr Menschen erreichen als es über Ihr direktes Umfeld möglich ist.

Dann sollten Sie über ein eigenes Buch nachdenken.

Auch, wenn Sie noch nicht so viele Klienten haben, dann kann ein Buch Ihnen dabei helfen, sich bekannt zu machen. Vielleicht haben Sie auch immer schon gerne geschrieben und wollen sich jetzt den Traum vom eigenen Buch erfüllen. Was auch immer Ihr Grund ist, weshalb Sie ein Buch schreiben möchten, eines ist klar: Mit einem Buch können Sie sich Aufmerksamkeit verschaffen. Offenbar umgibt einen Autor immer noch eine geheimnisvolle Aura. Er gilt als etwas Besonderes. So kann es passieren, dass Autoren leichter als Experten in Fernsehsendungen oder zu Vorträgen eingeladen werden als Nicht-Autoren.

Doch Vorsicht! Sollten Sie Ihr Buch nur schreiben wollen, um bekannter zu werden, dann rate ich Ihnen, das noch mal genau zu überlegen. Ein solches Projekt macht Arbeit, erfordert Durchhaltevermögen und viel Selbstdisziplin. Das weiß ich aus eigener Erfahrung. Ich habe schon einige Buchprojekte begonnen und dann liegen gelassen, weil mir das Durchhaltevermögen fehlte. Andere Buchprojekte habe ich jedoch beendet. Für diese Projekte hatte ich also das Durchhaltevermögen und die Selbstdisziplin.

Irgendwann begann ich mich zu fragen, warum die einen Projekte nicht klappten, während andere Projekte funktionierten. Dabei bin ich auf ein wichtiges Muster gestoßen: Jedes

Mal, wenn ich eine Botschaft mitteilen wollte, mir etwas ganz besonders am Herzen lag, dann ging es mir leichter von der Hand, und ich besaß auch die nötige Selbstdisziplin, das Buch zu beenden. Meiner Ansicht nach ist es also wichtig, eine Botschaft zu haben, die man weitergeben möchte. Etwas, für das man »brennt«, das einem am Herzen liegt, dann gelingt es leichter, das Buchprojekt auch zu beenden. Deshalb überlegen Sie sich vorher genau, warum Sie Ihr Buch schreiben wollen.

Nehmen wir mal an, Sie haben das Thema gefunden, wofür Ihr Herz höher schlägt und wollen Ihr Buch schreiben. Würden Sie sich dann nicht einen kreativen Begleiter wünschen, der immer an Ihrer Seite ist und Sie Schritt für Schritt ans Ziel bringt?

Genau das möchte dieses Buch sein! Es wird Sie Schritt für Schritt in die Geheimnisse des Ratgeber-Schreibens einführen.

Für werdende Autoren gibt es nämlich viele Möglichkeiten, das Schreiben kreativ und spielerisch anzugehen und das Ziel, das fertige Buch in den Händen zu halten, zu manifestieren. Manche sind bekannt, manche sind noch nicht so weit verbreitet.

In dem vorliegenden Buch bekommen Sie effektive Tipps und Übungen, die Ihnen beim Schreiben zum Durchbruch verhelfen können.

Lassen Sie uns gemeinsam Schritt für Schritt den Berg bis zum fertigen Buch besteigen. Wie ein Bergsteiger zum Gipfel des Berges schaut, den er erklimmen will, so schaut der Autor auf den Berg, der vor ihm liegt. Vielleicht haben Sie sogar schon Material gesammelt, das Sie verwenden möchten, doch es ist in so großer Fülle vorhanden, dass Sie nicht wissen, wo Sie anfangen sollen. Vielleicht haben Sie auch noch gar keine Idee, wie Ihr Kernthema lautet, oder Sie fragen sich, ob Ihr Schreibtalent dafür ausreicht, einen Selbsthilfe-Ratgeber zu schreiben. All das ist völlig normal. Aber auch Sie können es schaffen zum Gipfel des Berges vorzudringen, der für den Autor die Veröffentlichung des Buches ist. Und wenn Sie es dann endlich in den Händen halten, dann geht es immer noch weiter. Der Bergsteiger muss wieder hinabsteigen, wenn er den Gipfel erreicht hat. Der Autor muss sein Buch bekannt machen und geschickt dafür Marketing betreiben. Doch zunächst geht es erst einmal um das Schreiben.

Dieses Buch soll Ihnen Mut machen, Sie an die Hand nehmen und jederzeit Hilfen für den nächsten Schritt bieten.

Vielleicht sagen Sie jetzt gerade zu sich selbst: »Ja, ich habe ein Thema, was mir am Herzen liegt, aber Schreiben konnte ich schon in der Schule nicht.« Das höre ich immer wieder. Auch mir ist es in der Schule so gegangen, dass mein Schreibtalent nicht so offensichtlich war.

Auch ich habe in der Schule Dinge erlebt, die nicht gerade förderlich dafür waren, mutig den Berufswunsch »Autorin« anzustreben. Ich erinnere mich noch an eine Begebenheit. Es muss so in der 9. Klasse gewesen sein. Wir hatten eine Deutscharbeit geschrieben und der Lehrer sagte am darauffolgenden Tag zu mir: »Du hast eine sehr gute Arbeit geschrieben.« Ich freute mich und konnte es kaum erwarten, die Arbeit zurückzubekommen. Umso erschrockener war ich, dass ich nur eine Vier hatte. »Ausreichend« ist schließlich nicht »Sehr gut«. Wie Sie sich denken können, war ich total enttäuscht. In meinem Kopf setzte sich fest, dass ich in den Augen meines Lehrers wohl nur ausreichend war und er das schon als sehr gut für meine Verhältnisse bezeichnete. Ich kam damals gar nicht auf die Idee, dass er mich einfach mit jemandem verwechselt hatte.

Dennoch ließ mich das Thema »Schreiben« nicht in Ruhe. Es klopfte immer wieder an, so dass ich Mitte der 90er-Jahre an einem Fernkurs für kreatives Schreiben teilnahm. Am Anfang machte mir der Kurs sehr viel Spaß. Doch dann ging das in eine Richtung, die mir weniger gefiel. Die Lehrerin, die mich gar nicht persönlich kannte, sondern nur auf dem Papier, meinte, ich sollte unbedingt in Bahnhofskneipen sitzen und schreiben, ich würde zu klischeehaft und zu lieblich schreiben. Wieder einmal war ich enttäuscht und glaubte, jemand würde mir attestieren, dass ich nicht schreiben kann. Ich hatte wirklich das Gefühl, die Lehrerin verstand mich nicht. Wieder ließ ich das Schreiben erst einmal sein. Doch Sie ahnen es sicher schon, der Wunsch zu schreiben kam wieder.

Eine Herzenssache lässt einen jedoch meistens nicht in Ruhe. Da können noch so viele Dinge geschehen, die einen davon abhalten wollen, man bekommt immer wieder den Impuls, es dennoch zu tun.

Später fand ich dann auch Schreiblehrer, die eine andere Richtung vertraten, die das Schreiben aus dem Herzen förderten. Ich las auch Bücher, in denen es darum ging, erst einmal die persönliche Schreibstimme zu finden, bevor man ein Buchprojekt angeht. Hat man die persönliche Schreibstimme erst einmal entdeckt, dann kann man selbstbewusster schreiben.

Warum ich Ihnen das an dieser Stelle alles erzähle? Ich möchte Ihnen Mut machen, Ihre eigene Schreibstimme zu finden und Ihr Buch zu schreiben, ganz gleich, was die Lehrer in der Schule oder andere Personen einmal gesagt haben. Mit dem nötigen Wissen aus dem Schreibhandwerk und dem Fokus auf der persönlichen Schreibstimme kann Ihnen das leichter gelingen, als Sie es sich bisher vielleicht vorgestellt haben.

Das Buch wird Ihnen deshalb nicht nur kreative Übungen vermitteln, die Sie jederzeit anwenden können, um die innere Schreibstimme zu stärken, sondern Sie Schritt für Schritt auch beim Schreiben begleiten. Wenn Ihr Buch Ihr Herzensprojekt ist, bzw. Sie über Ihr Herzensthema schreiben, dann dürfte Ihnen das mit etwas Anleitung leicht fallen. Sind Sie bereit, sich in das Abenteuer Buch zu stürzen? Wollen Sie jetzt damit beginnen? Ich warte auf Sie und nehme Sie in den nächsten Kapiteln Schritt für Schritt an die Hand, damit Ihr Buch das Licht der Welt erblicken kann.

Den eigenen Schreibfähigkeiten vertrauen

Sie haben sich dafür entschieden, Ihren Ratgeber zu schreiben. Ein paar Ideen haben Sie auch schon, worüber Sie schreiben möchten, doch jetzt fragen Sie sich, wie es weitergehen soll. Womit wollen Sie beginnen? Was ist der Schwerpunkt Ihres Buches?
Ach, und geschrieben haben Sie auch schon eine Weile nicht mehr so richtig. Genauer gesagt, ein so großes Projekt wie ein Buch, sind Sie bisher vielleicht noch gar nicht angegangen. Aber selbst, wenn Sie schon Bücher geschrieben haben sollten: Ein Buch zu schreiben und zu veröffentlichen ist immer wieder aufregend.
In meinen Schreibberatungen gibt es an dieser Stelle kreative Übungen, bevor überhaupt mit dem Buchprojekt begonnen wird. Diese Übungen sollen dabei helfen, Selbstvertrauen ins eigene Schreiben aufzubauen. Gerade, wenn man zum ersten Mal ein Buch schreibt, dann kann es immer wieder sein, dass der sogenannte innere Kritiker stark wird und sich meldet, mit Sätzen, wie z. B. diese:»Wie kommst du überhaupt dazu, ein Buch zu schreiben? Du warst doch in der Schule schon so schlecht. Das schaffst du sowieso nicht. Lies dir das doch mal durch, wie unmöglich und fehlerhaft das ist.«
Der innere Kritiker ist ein Persönlichkeitsanteil in uns, der es in Wirklichkeit gut mit uns meint. Er möchte nämlich verhindern, dass wir uns irgendwo in der Außenwelt blamieren. Deshalb hält er uns gerne manchmal zurück, wenn wir etwas Neues wagen wollen oder auch, wenn wir uns mit unseren kreativen Eigenschöpfungen zeigen wollen. Dann klopft er an und sagt:»Moment Mal, erinnerst du dich nicht an damals? Das war doch schlimm für dich, als dein Lehrer dir mitteilte, du könntest nicht schreiben. Erspare dir lieber eine erneute Blamage. Doch manchmal ist dieser innere Kritiker übertrieben stark in seinem Willen, uns zu schützen. Da sorgt er schon

gerne mal dafür, dass eine neue Idee gleich im Keim erstickt wird, noch bevor sie sich richtig entwickelt hat.

Das passiert nicht nur Schreib-Anfängern, sondern auch langjährigen, versierten Autoren. Ich kenne meinen inneren Kritiker jedenfalls ziemlich gut.

Damit man nicht die Flinte ins Korn wirft und aufgibt, weil der innere Kritiker so stark ist, ist es hilfreich, ein paar Schreibübungen zu kennen, die einen als Autor stark machen, und dabei helfen, den inneren Kritiker zu bändigen, zumindest, während man die erste Version seines Buches schreibt.

Betrachtet man die inneren Persönlichkeitsanteile eines Autors näher, so könnte man sagen, dass der »Gegenpart« zum inneren Kritiker die persönliche oder innere Schreibstimme ist.

Dis ist der Teil in uns, der von einem höheren Bewusstsein aus Impulse gibt. Wir können ihn Seele nennen oder auch Höheres Selbst. Die Impulse erhalten wir über unsere Intuition. Es ist nicht immer einfach zu erfassen, manche sagen auch »Bauchgefühl« dazu.

Vielleicht haben Sie das auch schon mal erlebt, dass Sie innerlich den Impuls bekommen haben, etwas Bestimmtes zu tun. Das kann z. B. sein, dass Sie auf dem Weg zur Arbeit intuitiv eine andere Strecke gefahren sind als sonst. Später erfahren sie dann, dass auf Ihrer regulären Strecke ein Unfall war und Sie dort in einen Stau geraten wären.

Ähnlich verhält sich das auch mit der persönlichen Schreibstimme. Wenn Sie in einem entspannten Zustand schreiben, dann meldet Sie sich mit den entsprechenden Impulsen zu Ihrem Thema. Sich darauf einzulassen und sie wahrzunehmen kann man trainieren.

Die persönliche Schreibstimme begleitet Sie durch Ihr Buchprojekt und ist auch sehr hilfreich, wenn Sie mal gerade durchhängen und eine Schreibblockade haben.

In Kontakt mit der persönlichen Schreibstimme kommen

Eine wunderschöne Übung, um sich auf die innere Schreibstimme einzuschwingen, ist eine Fantasiereise zum inneren Schreibraum. Das ist ein imaginärer Ort, den Sie sich innerlich erschaffen können. Dort können Sie während des Schreibens immer wieder Kraft tanken und sich bewusst mit der inneren Schreibstimme verbinden.

Übung: Fantasiereise zum Inneren Schreibraum
Legen Sie sich Papier und Stift zurecht. Schalten Sie alle Störquellen, wie Telefon, Klingel, etc. aus und setzen Sie sich dorthin, wo es für Sie bequem ist, ein Sessel, ein Sofa oder auch ein bequemer Stuhl sind ideal.

Nehmen Sie sich eine halbe Stunde Zeit und schauen Sie, dass Sie ungestört sind.

Tipp: Manche Menschen können besser Fantasiereisen machen, wenn Sie Meditationsmusik auflegen, das können Sie bei dieser Übung auch gerne mal probieren. Wenn Ihnen aber die Stille lieber ist, dann ist das auch gut. Ich persönlich bevorzuge mehr die Stille.

Setzen Sie sich entspannt hin und schließen Sie die Augen. Atmen Sie ein paarmal tief ein und aus. Lassen Sie die Sorgen des Alltags mit jedem Ausatmen los und spüren Sie, wie Sie immer entspannter werden.

Sagen Sie zu sich selbst: »Jetzt reise ich zu meinem inneren Schreibraum.« Lassen Sie sich Zeit, die Dinge innerlich zu entwickeln.

Blicken Sie auf Ihren inneren Bildschirm und beobachten Sie, was geschieht.

Vielleicht gehen Sie einen Weg entlang. Der Weg ist breit und an der Seite wachsen bunte Blumen. Hohe Bäume spenden Ihnen Schatten, die Sonne verbreitet eine angenehme Wärme.

Der Weg führt Sie zu einem Haus. Schauen Sie sich das

Haus an. Wie sieht es aus? Wo ist die Tür und wie ist sie beschaffen?

Öffnen Sie die Tür und betreten Sie das Haus. Folgen Sie Ihrem inneren Impuls, um in dem Haus Ihren inneren Schreibraum zu finden.

Wenn Sie ihn gefunden haben, öffnen Sie die Tür und betreten Sie ihn.

Nehmen Sie sich jetzt genug Zeit, den Raum zu erkunden. Wie ist der Fußboden? Was für Möbel stehen dort? Wie ist der Schreibtisch beschaffen? Was sehen Sie, wenn Sie aus dem Fenster schauen? Setzen Sie sich an den Schreibtisch und fühlen Sie die Energie dieses Raumes.

Fragen Sie sich: Wie kann mir dieser Raum in Zukunft beim Schreiben helfen? Oder wenn Sie gerade eine Frage wegen Ihres Buches haben, dann stellen Sie diese Frage einfach in den Raum.

Schauen Sie dann auf den Schreibtisch. Liegen dort ein Stift und ein Blatt Papier bereit? Setzen Sie sich an den Schreibtisch und beginnen Sie zu schreiben. Schreiben Sie für eine Weile.

Dann verabschieden Sie sich langsam von dem inneren Schreibraum und kehren in den Raum zurück, wo Sie gerade sitzen.

Notieren Sie auf dem Blatt Papier, was Sie erlebt und gefühlt haben. Welche Ideen und Erkenntnisse hat Ihnen diese Übung gebracht?

Sie können immer wieder in diesen inneren Schreibraum reisen, er ist jederzeit für Sie da, wenn Sie mit der inneren Schreibstimme in Kontakt kommen möchten oder neue Impulse brauchen.

Tipp: Anker setzen
Besorgen Sie sich einen Anker, den Sie auf den Schreibtisch legen und der Sie immer wieder an den inneren Schreibraum erinnert. Das kann z. B. ein Foto, eine Muschel oder ein Herz aus Glas, ein besonderen Kugelschreiber, Füllfederhalter sein.

Wenn Sie gerne eine geführte Fantasiereise zum inneren Schreibraum machen möchten, dann finden Sie eine kürzere Version dieser Fantasiereise auf meiner Internet-Seite zum Anhören: http://www.anne-kerstin-busch.com/buecher/lese-und-hoerproben/

Wann kann diese Fantasiereise helfen?
- ✓ Ganz am Anfang eines neuen Schreibprojektes
- ✓ Wenn Sie sich zwischendurch an Ihre innere kreative Ideen-Quelle anschließen möchten.
- ✓ Wenn Sie beim Schreiben gar nicht vom Fleck kommen, weil Sie in einer Schreibblockade stecken.
- ✓ Wann immer Sie den Impuls verspüren, diese Übung zu machen.
- ✓ Um vom Alltag abzuschalten, bevor Sie an Ihrem Buchprojekt weiterschreiben.

Der Vorteil dieser Übung ist, dass Sie in einen entspannten Zustand kommen. Sie begeben sich in einen anderen Bewusstseinszustand und lassen für eine gewisse Zeit den Verstand los, der oft die Angewohnheit hat, auf alltäglichen Problemen herumzukauen. In diesem entspannten Zustand kommen manchmal sogar Ideen, die im Alltagsbewusstsein gar nicht kommen würden. Ob man all diese Ideen dann umsetzt, kann man ja später immer noch entscheiden.

Jeder Mensch ist anders. Menschen, die schon öfters Fantasiereisen gemacht haben, oder die regelmäßig meditieren, fällt es wahrscheinlich leichter, diese Übung zu machen.

Wenn Ihnen das noch nicht so geläufig ist, dann haben Sie bitte ein bisschen Geduld mit sich selbst. Gerade bei dieser Übung ist es wichtig, sich nicht unter Druck zu setzen und auch entspannt zu bleiben, wenn das Ergebnis nicht gleich so befriedigend erscheint. Vielleicht hilft Ihnen dann die geführte Fantasiereise auf meiner Internet-Seite.

Als ich damit begann, mich mit dem Thema »Meditation« zu beschäftigen, fand ich es auch hilfreich, geführte Meditationen zu machen. Später, als ich sicherer wurde, begann ich damit, in meinem eigenen Tempo zu meditieren, meine eigenen inneren Welten zu entdecken, anfangs noch mit Hilfe von Meditationsmusik, später dann auch ohne.

Mit Freewriting die persönliche Schreibstimme entdecken
Dennoch gibt es Menschen, vielleicht gehören Sie auch dazu, die lieber mit einer Schreibübung beginnen wollen, um ihre persönliche Schreibstimme zu finden und Selbstvertrauen ins eigene Schreiben zu bekommen.

Eine der bekanntesten Übungen aus dem Kreativen Schreiben, die ich in meinen Schreibkursen immer empfehle, ist das freie Schreiben oder auch Freewriting.

Das Kreative Schreiben oder Creative Writing kommt ursprünglich aus den USA. Dort kann man Creative Writing sogar an der Uni studieren. Mittlerweile gibt es aber auch an manchen deutschen Unis Kurse in Kreativem Schreiben.

Dass es in den USA eine richtige Creative-Writing-Bewegung gibt, hat auch damit zu tun, dass dort eher die Meinung vorherrscht, das Schreiben könne man lernen. In Deutschland setzt sich diese Meinung erst seit einigen Jahren so langsam durch. Bisher galt Deutschland immer als das Land der Dichter und Denker. Man wird – übertrieben gesagt – entweder zum Dichter, sprich Schriftsteller, geboren, hat also ein Naturtalent, oder man kann das mit dem Schreiben vergessen, jetzt mal ganz krass ausgedrückt. Doch langsam verändert sich das Bewusstsein in punkto Schreiben auch bei uns in Deutschland. Es gibt immer mehr Schreibkurse, an denen jeder teilnehmen kann, der seine Schreibfähigkeiten verbessern möchte.

Übung: Durch Freewriting das Selbstvertrauen stärken
Freewriting oder auf Deutsch »Freies Schreiben« ist eine Übung, bei der man einfach schreibt, was einem gerade in den Sinn kommt, ohne große Vorgabe. Das Freewriting dauert so ca. fünf bis zehn Minuten.

Am besten schreiben Sie mit der Hand, denn dann fließt es noch besser von innen heraus, als wenn Sie am PC schreiben. Nehmen Sie sich Stift und Papier und setzen Sie sich in eine ruhige Ecke oder an Ihren Schreibtisch. Stellen Sie sich einen Wecker, so dass Sie nach fünf bis maximal zehn Minuten daran erinnert werden, mit dem Schreiben aufzuhören. Atmen Sie ein paar Mal tief ein und aus und entspannen Sie sich. Dann fangen Sie einfach an zu schreiben, was Ihnen gerade in den Sinn kommt. Wenn Sie sich tagsüber über jemanden geärgert haben, schreiben Sie etwas darüber. Wenn Sie glücklich über etwas waren, dann erwähnen Sie dies. Wenn Ihnen gar nichts einfällt, dann können Sie auch schreiben, dass Ihnen nichts einfällt, solange, bis die ersten Worte aus Ihrem Inneren auftauchen. Schreiben Sie, ganz egal, wie Ihr Stil ist oder ob Sie Kommafehler oder Rechtschreibfehler machen.

Tipp: Wenn Sie nicht weiter wissen, dann beginnen Sie den Satz einfach mit »Was wäre, wenn...« und schreiben dann, was Ihnen einfällt.

Wenn der Wecker klingelt, dann kommen Sie langsam aus der entspannten Schreibhaltung zurück. Schreiben Sie noch den Satz zu Ende, den Sie gerade angefangen haben. Dann legen Sie den Stift zur Seite. Der Text ist nur für Sie selbst bestimmt. Zeigen Sie diesen Text niemandem!

In einem der späteren Kapitel stelle ich Ihnen noch eine Variation des Freewritings vor. Am Anfang ist es aber am besten, Sie schreiben ganz frei, ohne irgendwelche Vorgaben, damit Sie Selbstvertrauen gewinnen und Ihren Schreibmuskel trainieren.

Besonders am Herzen liegt mir diese Übung, weil sie wirklich dabei hilft, das Selbstvertrauen, das Vertrauen in das eigene Schreiben zu entwickeln. Denn dieses Vertrauen in die eigenen Schreibfähigkeiten brauchen Sie, wenn Sie ein so großes Projekt wie ein Buch angehen wollen.

Das Wichtigste zum Freewriting auf einen Blick:
- ✓ Schreiben Sie fünf bis zehn Minuten lang. Am besten stellen Sie sich einen Wecker.
- ✓ Schreiben Sie frei und ohne Vorgaben.
- ✓ Der Text muss, bzw. darf nicht perfekt sein. Sie lassen es einfach fließen, während Sie schreiben und nehmen das, was kommt.
- ✓ Das Freewriting stärkt Ihren Schreibmuskel und Ihr Selbstvertrauen, weil Sie ein Gefühl für Ihre persönliche Schreibstimme bekommen.
- ✓ Achten Sie nicht auf Rechtschreibung und Zeichensetzung.
- ✓ Machen Sie das Freewriting zu Beginn, bevor Sie an Ihren Projekten weiterarbeiten.
- ✓ Das Freewriting eignet sich auch sehr gut für Situationen, wo das berühmte leere Blatt oder der leere Bildschirm Sie quälen, sprich: Schreibblockaden.
- ✓ Zeigen Sie den Text niemandem. Sie müssen ihn sich auch nicht durchlesen.

In den nächsten Kapiteln gibt es noch weitere Übungen, die es einfacher machen, ein solches Projekt wie ein Buch anzugehen. Für den Anfang sind diese beiden Übungen erst einmal die wichtigsten, um sich auf die persönliche Schreibstimme einzustimmen.

Welcher Schreibtyp sind Sie?

Wenn Sie ein gutes Buch lesen oder einen guten Film sehen, dann achten Sie doch mal demnächst auf die Menschen, durch die das Buch oder der Film lebt. Gute Autoren gestalten Ihre Charaktere so, dass sie lebendig wirken, viele Facetten in ihrem Charakter haben und entwicklungsfähig sind.

Auch wenn es ums Schreiben geht, gibt es unterschiedliche Menschentypen, die mit unterschiedlichen Hindernissen zu kämpfen haben und verschiedene Qualitäten haben. Gerade, wenn Sie bisher noch nicht so viel geschrieben haben, wissen Sie vielleicht gar nicht, was für ein Schreibtyp Sie sind. Es kann aber hilfreich sein, das zu wissen, schon allein deshalb, wenn andere Menschen Ihnen einreden wollen, dass es nur eine Möglichkeit gibt, an ein Schreibprojekt heranzugehen, diese Vorgehensweise Ihnen aber irgendwie so gar nicht behagt. Wie für viele Dinge im Leben, gibt es auch beim Schreiben unterschiedliche Vorgehensweisen, die den verschiedenen Schreibtypen entsprechen.

Die kreative Muse
Es gibt z. B. Menschen, die warten darauf, dass »die Muse sie küsst«. Kerstin ist so jemand. Sie schreibt nur, wenn sie eine Idee hat. Dann lässt sie sich nicht aufhalten. Sie zieht sich für ein paar Tage zurück und nimmt in ihrem Job Urlaub, bis ihre Idee festere Formen angenommen hat. Erst dann taucht sie wieder aus ihrem Schreibzimmer und der Welt ihrer Texte und Geschichten auf. So zollt sie ihrer kreativen Muse Respekt.

Diesen ersten Schreibtyp nenne ich »Die kreative Muse«.
Wenn man eher der Typ ist, der auf seine kreative Muse wartet, dann sollte man sich bewusst machen, dass es besser ist, einen Job zu haben, der den Lebensunterhalt finanziert. Ansonsten steht man zu sehr unter Druck, weil man unbedingt

mit dem Schreiben Geld verdienen muss. Wenn es einem gelingt, erst einmal Bücher zu veröffentlichen und damit erfolgreich zu sein, dann kann man das Schreiben vielleicht auch zu seinem Hauptberuf machen.

Die kreative Muse steckt übrigens ein bisschen in jedem von uns. Sie ist auch oft der Schlüssel, damit man endlich mit dem Schreiben beginnt.

Der Sammlertyp
Doch nun zum nächsten Schreibtyp. Marc hat eine Idee. Bevor er mit dem Schreiben beginnt, recherchiert er erst einmal alle möglichen Quellen, in Bibliotheken, im Internet und in Buchhandlungen und interviewt Menschen. Wenn er meint, dass er genug Material für sein Buch zusammen hat, dann beginnt er erst einmal mit einer Gliederung der verschiedenen Kapitel, legt die Überschriften fest und ordnet sein Material dementsprechend.

Erst dann füllt er die einzelnen Kapitel mit Text und verwendet dabei das gesammelte Material.

Diesen Typ nenne ich den »Sammlertyp«.
Der Vorteil ist, dass er erst einmal sein »Gebiet absteckt« und so genau weiß, was alles zu seinem Thema schon veröffentlicht wurde. Der Nachteil ist vielleicht, dass dieser Schreibtyp sehr nach außen orientiert ist und sich zu wenig von innen inspirieren lässt.

Der Herzenstyp
Juliane hingegen hat ein Thema im Kopf, über das sie schreiben möchte. Sie fängt erst einmal an, frei zu schreiben und schaut, welche Ideen ihr beim Schreiben kommen. Sie lässt die Ideen einfach fließen. Sie sagt: »Ich schaue erst einmal ausschließlich, was in mir ist, wenn ich schreibe. Ändern kann ich den Text dann später immer noch.«

Bevor Sie schreibt, verbindet sie sich mit ihrem Herzen, indem sie eine kurze Meditation macht. Dann schreibt sie alle

Ideen auf, die ihr kommen, ganz gleich, wie merkwürdig sie sein mögen. In einem zweiten Schritt recherchiert sie weitere Quellen zu ihrem Thema. In der Überarbeitungsphase schaut sie, welche Passagen sie im Text behalten möchte, was sie hinzufügen möchte und was sie streichen möchte.

Diesen Schreibtyp würde ich als »Herzenstyp« bezeichnen. Der Herzenstyp braucht allerdings viel Vertrauen in sich selbst und seine Ideen. Ein Vorteil dieses Typs ist aber, dass er sich in der ersten Schreibphase nicht ständig mit anderen vergleicht, weil er zunächst seine gesamten Erkenntnisse aus sich selbst heraus kreiert, bevor er weitere Quellen recherchiert.

Die Überarbeitung kann hier natürlich etwas aufwändiger sein als bei einem »Strukturierten Schreibtyp«, da die Ideen geprüft und evtl. noch Zitate und Inhalte aus anderen Quellen eingefügt werden müssen.

Der strukturierte Schreibtyp

Manfred schreibt schon eine ganze Weile und hat für sich das passende Rezept gefunden, wie er mit einem Buch beginnt und auch durchhält, bis das Manuskript vorliegt. Er erzählt: »Wenn ich eine Idee habe, dann notiere ich mir erst einmal, welche Inhalte zu dem Thema wichtig sind. Ich lege eine Kapitelstruktur fest und ordne die Inhalte den einzelnen Kapiteln zu.

Ich vergebe auch schon mal Kapitelüberschriften, ändern kann ich die ja immer noch. Die einzelnen Kapitel sind für mich eine Struktur, an der ich mich beim Schreiben orientiere. Diese Struktur hilft mir auch dranzubleiben.

Nebenher recherchiere ich in Büchern oder im Internet zu meinem Thema und pflege die Informationen aus den Quellen, die für mein Buch wichtig sind, gleich ein.«

Diesen Schreibtyp nenne ich den »Strukturierten Schreibtyp«. Ein Vorteil dieses Typs ist, dass er schon durch die Kapitelüberschriften eine Form für das Buch hat, aber dennoch Spielraum für Intuition und Kreativität bleibt. Eine Struktur, die man nur noch ausfüllt, wie z. B. die Kapitelüberschriften eines Buches, ist auch eine Hilfe, um am Schreiben dranzubleiben.

Ein Nachteil dieses Typs könnte sein, dass es ihm schwerfällt, die einmal vorgegebene Struktur zu ändern, auch wenn er merkt, dass er sie eigentlich ändern müsste.

Der Aufschiebe-Typ mit Ideen
Der nächste Schreibtyp ist einer, den wir wahrscheinlich alle ab und zu in uns haben. Manuela ist so jemand. Sie hat viele Ideen und beginnt auch alle paar Monate ein neues Buchprojekt, nur fertig ist sie bisher noch nie geworden. Sie erzählt: »Da ist die Familie, da ist mein Halbtagsjob und abends bin ich manchmal einfach zu müde. Oder ich mache lieber Sport und treffe mich anschließend noch mit Freunden. Nachts wache ich dann auf und die Ideen fließen. Manchmal fließen Sie auch, wenn ich unter der Dusche stehe. Wenn ich sie dann nicht sofort aufschreibe, vergesse ich sie.«

Dieser Typ ist der »Aufschiebe-Typ mit Ideen«.
Das ist ein Mensch, der viele Ideen für Schreibprojekte hat, aber das Schreiben oft hinten anstellt. Das kann verschiedene Gründe haben: Vielleicht denkt man, man sei nicht gut genug und niemand würde die eigenen Texte lesen. Dann ist der Grund fürs Aufschieben das mangelnde Selbstbewusstsein.

Oder man beginnt ein Buchprojekt und hat das Gefühl, dass es nirgendwohin führt. Das kann manchmal bei Romanen passieren, wenn eine Geschichte sich so entwickelt, dass man erst einmal in einer Sackgasse zu stecken scheint. Hier wäre dann vielleicht etwas mehr Struktur im Vorfeld angebracht.

Natürlich kann es auch sein, dass man so viel zu tun hat, dass man tatsächlich zu wenig Zeit zum Schreiben hat. Dann ist ein gutes Zeitmanagement wichtig. Mehr zum Thema »Zeit fürs Schreiben finden« gibt es in einem späteren Kapitel.

Tipp: Die Ideen notieren, wenn sie kommen
Manchmal kommen die Ideen ganz plötzlich. Neulich stand ich an der Bushaltestelle und hatte eine Idee für ein Buchprojekt. Die Ideen kommen beim Abwaschen, unter der Dusche oder auch kurz vor dem Einschlafen.

Es ist ratsam, sich diese Ideen sofort zu notieren, wenn sie kommen. Am besten, man hat immer ein kleines Büchlein dabei oder man macht eine Notiz in einer Smartphone-App.

Die Ideen zu notieren ist der erste Schritt in die richtige Richtung. Man würdigt sie, in dem man sie aufschreibt. Tut man dies nicht, vergisst man sie meistens ziemlich schnell. So aber hat man sie auch für später zur Verfügung.

Die meisten Menschen sind Mischtypen. Aber vielleicht haben Sie beim Lesen ja erkannt, wo Ihre Schwerpunkte liegen, in welchem Typ Sie sich am ehesten wiedererkennen.

Die verschiedenen Schreibtypen im Überblick:

Die kreative Muse ...
... wartet mit dem Schreiben, bis die Ideen fließen, schreibt dann aber auch.

Worauf sie achten sollte: Es gibt keine Regelmäßigkeit. Schreiben ist vielleicht noch nicht die Haupteinkommensquelle.

Der Vorteil des Typs ist: Die kreative Muse vertraut ihren Ideen und beginnt dann auch meistens relativ schnell damit, sie niederzuschreiben.

Der Sammlertyp ...
... sammelt alles Material, bevor er mit dem Schreiben beginnt.

Worauf er achten sollte: dass er sich nicht zu sehr mit anderen vergleicht und dass er nicht zu sehr nach außen orientiert ist. Er vertraut eher seinem Verstand als seinem Herzen.

Was sein Vorteil ist: Er steckt sein Gebiet ab, weiß durch die Recherche auch, was andere schon zu seinem Thema geschrieben haben und kann so gut seine Nische finden.

Der Herzenstyp ...
... vertraut beim Schreiben seinem Herzen. Wenn er die erste Version eines Buches schreibt, nimmt er zunächst ausschließlich die Ideen, die ihm beim Schreiben im Inneren kommen. Erst dann recherchiert er, was andere Autoren geschrieben haben.
Worauf er achten sollte: Bei der Überarbeitung sollte er den nötigen Abstand haben. Er sollte später dann auch über den Tellerrand hinausschauen und lesen, was andere Autoren zu seinem Thema geschrieben haben.
Was sein Vorteil ist: Wenn man aus dem Herzen schreibt, bekommt man oft intuitiv Ideen, die man auf andere Art und Weise nie bekommen würde.

Der Strukturierte ...
... hat bereits alle Kapitelüberschriften, bevor er anfängt, sein Buch zu schreiben.
Worauf er achten sollte: Er sollte dafür offen sein, dass sich beim Schreiben auch noch die Dinge ändern können, evtl. die Reihenfolge der Kapitel oder aber sogar neue Ideen hinzukommen.
Was sein Vorteil ist: Er hat eine Struktur, die ihm beim Schreiben einen Weg aufzeigt, ohne ihn einzuengen.

Der Aufschiebe-Typ mit vielen Ideen
...hat zwar viele Ideen, aber hat auch viele andere Dinge zu tun, bevor er mit dem Schreiben beginnt. Er stellt das Schreiben eher hinten an.
Worauf er achten sollte: Er sollte schauen, welche Priorität das Schreiben bei ihm hat. Wenn er sich dafür entscheidet, ein Buch zu schreiben, braucht er ein gutes Zeitmanagement, mit dem er dem Schreiben genauso seinen rechtmäßigen Platz einräumt, wie anderen Dingen.
Was sein Vorteil ist: Er hat viele Ideen und sollte diese sich auch wenigstens notieren, auch wenn er sie nicht gleich umsetzt.

Ich denke, fast jeder tendiert zeitweilig zu diesem Typ. Wenn es mal wieder so weit ist, dann sollten wir es uns bewusst machen und Schritt für Schritt versuchen, das zu ändern, damit wir unserem Schreibtalent genauso viel Raum geben, wie anderen Dingen.

Übung: Für ein paar Wochen Schauspieler sein
Nehmen Sie sich jede Woche einen anderen Typ vor. Während Sie an Ihrem Schreibprojekt arbeiten, tun Sie so, als müssten Sie diesen Typ als Autor in einem Film spielen.

In der einen Woche sammeln Sie alles Mögliche an Material für Ihr Buch. In der nächsten Woche schreiben Sie vorläufige Kapitelüberschriften und in der übernächsten Woche schreiben Sie nur aus dem Herzen, usw.

Nehmen Sie sich jeden Typ vor, auch den, der immer nur Ideen hat und fast nie schreibt. Aber nur für eine Woche! Manchen Sie sich dazu Notizen in einem Schreibtagebuch.

Fragen Sie sich: Welcher Typ liegt mir am nächsten?
Mit welchem Typ habe ich die meisten Schwierigkeiten?
Oder bin ich eher ein Mischtyp?

So erfahren Sie mehr über sich selbst und Ihre Art, ein Buch zu schreiben. Außerdem können Sie sich von den anderen Schreibtypen das abkupfern, was es Ihnen leichter macht, Ihr Projekt »Buch« anzugehen.

Die Einzigartigkeit als Sprungbrett zum Erfolg

Von der Einzigartigkeit geht alles aus. Diese ist im Businessbereich auch bekannt als Alleinstellungsmerkmal oder USP (Unique Selling Proposition) eines Unternehmens.

Da ich dieses Buch für Solisten geschrieben habe, genau genommen für Coaches, Berater, Therapeuten oder auch Speaker, verwende ich lieber den Begriff »Einzigartigkeit«. Dieser Begriff schließt für mich nämlich noch die Persönlichkeit mit ein, die bei Solo-Unternehmern meistens gar nicht von ihrem Unternehmen zu trennen ist.

Ein tolles Beispiel dafür, was Einzigartigkeit bedeutet, ist für mich die Sache mit dem Fingerabdruck. Keine zwei Menschen haben das gleiche Muster, wenn man ihre Fingerabdrücke nimmt, auch Zwillinge nicht. Hier zeigt sich, dass wir wohl alle tatsächlich einzigartig sind.

Doch was hat das mit Ihrem Buch zu tun? Warum ist es wichtig, über die Einzigartigkeit zu reflektieren, bevor man ein Buch schreibt?

Ich möchte Ihnen das an zwei fiktiven Beispielen erläutern:

Marie ist Coach und hat gerade ihre Coaching-Ausbildung beendet. NLP (Neurolinguistisches Programmieren) und systemische Aufstellungen, auch besser bekannt als »Familienstellen« gehören auch dazu.

Stolz eröffnet sie schon recht bald ihre Praxis, gestaltet einen Flyer und verteilt ihn in Buchläden, Reformhäusern und Bioläden. Vorne auf den Flyer schreibt sie groß »Coaching mit NLP und Familienstellen«.

Und dann wartet und wartet sie auf Klienten. In den ersten drei Monaten sind drei Frauen ihre Klienten und auch diese kommen nur, weil Maries beste Freundin ihnen gesagt hatte: »Geht da mal hin, die kann euch helfen.«

Marie ist enttäuscht, sie denkt, sie muss noch mehr Werbung machen und will ein Buch schreiben. »Wenn ich Autorin bin, dann werde ich schneller bekannt. Dann kommen die Klienten nur so in Massen«, träumt sie vor sich hin.

Am liebsten hätte sie, dass ihr Buch genau so heißt, wie es auf ihrem Flyer geschrieben steht: »Coaching mit NLP und Familienstellen«, ein »für alle« möchte sie gerne noch hinzufügen, denn dann spricht sie möglichst jeden an, denkt sie sich.

Sie hat die Idee, sich bei der Entstehung ihres Buches von einem Schreibcoach begleiten zu lassen. Als dieser sie fragt: »Haben Sie schon mal darüber nachgedacht, was Sie besonders macht?«, fällt sie aus allen Wolken. »Nein, wichtig ist doch, dass ich möglichst viele anspreche, denn das, was ich anbiete, ist doch auch für viele Menschen gut«, antwortet sie.

Jetzt schauen wir uns mal Lars an. Lars war mit Marie zusammen in der Coaching-Ausbildung. Das, was ich hier schreibe, gilt natürlich genauso für Therapeuten, Berater und Speaker. Aber ich nehme immer wieder gerne den Coaching-Bereich als Beispiel.

Lars überlegt sich, welche Themen ihm am besten gefallen? Mit welchen Themen möchte er sich in den nächsten Jahren als selbstständiger Coach beschäftigen? Dann denkt er darüber nach, wen er gerne als Klienten hätte. Manager? Teams in Unternehmen? Privatpersonen? »Schließlich kann ich nicht alle bedienen und will es auch gar nicht«, sagt er zu sich selbst.

Er macht ein Brainstorming, d. h. er schreibt ganz unzensiert einfach mal auf, welche Themen ihn faszinieren. Schnell kommt er darauf, dass es ihn schon immer beeindruckt hat, wenn Familienväter Ihre Träume verwirklichen und ein Unternehmen gründen, auch wenn sie für eine Familie sorgen müssen. Er selbst ist dankbar dafür, dass seine Frau Verständnis für ihn hatte, als er ihr eröffnete, dass er sich selbstständig machen wollte, nachdem seine alte Firma Stellen abgebaut hatte, und er leider betroffen war.

»Ja, das ist es, ich mache noch eine Fortbildung zum Existenzgründer-Berater und dann lege ich los«, sinniert er.

Lars weiß genau, welches Thema ihm wichtig ist und seine Lieblingszielgruppe hat er auch gefunden. Er erstellt einen Flyer und findet dafür den Slogan: »Das Abenteuer Selbstständigkeit als Familienvater«.

Schon relativ schnell kommen die ersten Klienten in seine Praxis. Und nach ein paar Monaten gibt es bereits Wartelisten für seine Coachings. »Du solltest endlich ein Buch schreiben«, sagt sein bester Freund. Lars entscheidet sich dafür. Als Titel wählt er seinen Slogan »Das Abenteuer Selbstständigkeit als Familienvater«.

Was ist der Unterschied zwischen Marie und Lars? Spüren Sie mal selbst. Was fällt Ihnen dazu ein?

Genau, Marie möchte sich nicht festlegen. Vielleicht ist sie noch ein bisschen unsicher und denkt, wenn ich mich festlege, dann habe ich gar keine Coaching-Klienten. Vielleicht hat sie sich aber auch noch nie damit beschäftigt, was das Besondere an ihr ist, das ihre Coachings einzigartig macht und wer sie braucht.

In meinen Schreibberatungen habe ich schon viele Coaches als Kunden gehabt. Meistens fängt es mit einem Flyer an. Und tatsächlich ist es so, dass es oft die weiblichen Coaches sind, die sich nicht so gerne festlegen wollen. Manchmal verstecken sie sich auch hinter ihren Ausbildungen und ihre Persönlichkeit kommt kaum bis gar nicht zum Vorschein.

Bei einem Flyertext mag das noch gehen, doch wenn man ein Buch schreiben will, dann ist das fatal. Denn ein Buch ist ein so großes Projekt, das nur erfolgreich wird, wenn man seine Einzigartigkeit findet und darüber schreibt.

Tipp: Merken Sie sich: Man kann mit einem Buch nie alle Menschen erreichen! Man sollte immer sehen, dass man diejenigen erreicht, die zur Lieblingszielgruppe gehören, die das, was man kann und weitergeben möchte, brauchen und es auch wertschätzen.

Gerade im Coaching- und Berater-Bereich gibt es Anbieter wie Sand am Meer. Deshalb ist es ja so wichtig, die Einzigartigkeit, das Besondere, herauszufinden. Und glauben Sie mir, jeder Mensch ist einzigartig. Sie auch.

Vielleicht fragen Sie sich jetzt, wie Sie ihre Einzigartigkeit finden und auf den Punkt bringen können.

Schauen wir uns dafür noch mal das Beispiel von Marie an. Es gibt verschiedene Herangehensweisen, um die Einzigartigkeit herauszufinden.

Marie fragt sich als erstes: Welche Themen haben mich in meinem Leben berührt? Welche Erfahrungen haben mich nachhaltig geprägt?

Ein Ereignis aus ihrer Kindheit fällt ihr wieder ein: Sie erinnert sich noch genau an jenen Tag vor 35 Jahren, als sie abends im Bett lag und hörte, wie ihre Eltern sich stritten. Sie hatten sich in den Monaten zuvor öfters gestritten, doch an jenem Abend war es besonders schlimm. Am nächsten Morgen verkündete ihre Mutter ihr, dass ihr Vater ausziehen würde. Das war der Anfang von der Trennung. Ein Jahr später waren sie geschieden, der Vater zog in eine andere Stadt und sie sah ihn nur noch selten.

Die Mutter war plötzlich alleinerziehend und musste wieder arbeiten gehen. Marie sah sie nur noch abends und an Wochenenden. Zum Glück hatte sie damals eine Freundin, bei der sie tagsüber oft zu Besuch war. Das half ihr, über den Schmerz hinwegzukommen.

Als sie sich in diesem Augenblick nach 35 Jahren noch einmal an diese Situation erinnert, wird ihr bewusst, wie viel Glück sie damals hatte. Doch was ist mit all den Müttern, Vätern, Kindern und Jugendlichen, die in einer solchen Situation Hilfe brauchen?

Marie entscheidet sich dafür, Menschen in Trennungssituationen zu helfen. Sie beschließt, noch eine Ausbildung als Mediatorin zu machen und später noch den Heilpraktiker für Psychotherapie.

»Trennung – und nun?«, steht jetzt auf ihrem Flyer. Als sie sich immer mehr in ihr Thema vertieft, merkt sie, wie viele der Themengebiete, mit denen sie sich gerne beschäftigt, bei diesem Hauptthema eine Rolle spielen:

- ✓ Veränderungen im Leben meistern.
- ✓ Berufliche Neuorientierung.
- ✓ Neu in einer anderen Stadt sein.
- ✓ Plötzlich alleine sein.
- ✓ Als Alleinerziehender das Leben managen.
- ✓ Schmerz und Trauer überwinden.
- ✓ Kinder und Jugendliche, die nur mit einem Elternteil aufwachsen.
- ✓ Usw.

Sie ist glücklich, dass sie endlich »ihr« Thema gefunden hat. »Vielleicht war es doch zu etwas gut, dass ich damals so eine schwierige Zeit hatte, heute kann ich Menschen helfen, die in einer ähnlichen Situation stecken«, stellt sie fest. Sie hat zweierlei erreicht: Erstens hat sie das gefunden, was ihr Herzensanliegen ist und zweitens kann sie mit diesem Thema noch viele andere Themen abdecken, die ihr auch wichtig sind. Das Allerwichtigste ist aber, dass sie ihr Alleinstellungsmerkmal gefunden hat.

Ihr Buch-Coach rät ihr, eine Mini-Serie zu machen. Zu jedem Unterthema ein kürzeres Taschenbuch mit ca. 100 Seiten. Das hat den Vorteil, dass es nicht zu teuer wird, so können auch Alleinerziehende, die vielleicht mit weniger Geld auskommen müssen, sich das Buch kaufen. Außerdem kann jeder sich genau das aussuchen, was er oder sie braucht. Während Lars für sein Buch unbedingt einen Verlag finden will, entscheidet Marie sich dafür, diese Reihe selbst zu veröffentlichen.

Doch jetzt kommen wir zu Ihnen. Sie wollen endlich Ihr Buch schreiben, doch bisher haben Sie nur eine vage Idee im Kopf. Vielleicht ist es auch ganz einfach und Sie kennen bereits das, was Sie besonders macht. Dann dürfte es ganz einfach für Sie sein, im nächsten Kapitel das Hauptthema für Ihr Buch festzulegen.

Doch für diejenigen, die ihr Alleinstellungsmerkmal noch nicht kennen, gibt es hier ein paar Hilfen, um es herauszufinden.

Übung: Fantasiereise in die Kindheit
Suchen Sie sich einen bequemen Ort zum Sitzen. Schalten Sie für ca. 30 Minuten alle Störquellen wie Telefon, Smartphone oder Klingel aus. Denken Sie daran, ein Blatt Papier und einen Stift bereitzulegen.

Schließen Sie die Augen und atmen Sie ein paar Mal tief ein und aus. Lassen Sie alle Anspannungen mit jedem Ausatmen los.

Stellen Sie sich nun vor, Sie haben eine Zeitmaschine, mit der Sie direkt in Ihre Kindheit reisen können. Sagen Sie zu dieser Zeitmaschine: »Bitte bringe mich zu einem Ereignis in meiner Kindheit, wo ich etwas gemacht habe, was mir Spaß gemacht hat, wo mein Herz gelacht hat.«

Dann schauen Sie, spüren Sie und lauschen Sie, was da kommt. Was haben Sie damals gerne gemacht?

Wenn Sie genug Ideen haben, dann bedanken Sie sich innerlich für diese Einblicke in die Kindheit und kommen ins Hier und Jetzt zurück. Notieren Sie sich, was Sie damals gerne gemacht haben. Das können auch mehrere Dinge sein.

Als ich diese Übung selbst durchgeführt habe, kam eine Erinnerung an eine Zeit, in der ich mir Spiele ausgedacht hatte, die ich dann mit anderen gespielt hatte. Oft basierten diese Spiele auf Geschichten, die ich mir ausdachte. Später habe ich dann auch angefangen, Geschichten zu schreiben, Geschichten von Kindern, die genau das erlebten, was ich immer schon mal erleben wollte.

Doch irgendwann hörte ich damit auf. Das Ganze geriet in Vergessenheit und erst mit Anfang 30 entdeckte ich meine Leidenschaft fürs Schreiben und Geschichtenerzählen neu.

Meine wichtigste Erkenntnis aus dieser Fantasiereise war, dass ich gerne schreibe, mir gerne Geschichten ausdenke. Aber ich vermittle anderen Menschen auch gerne neue Dinge. Damals brachte ich den Kindern neue Spiele bei oder wir spielten eine meiner Geschichten nach.

Beides mache ich heute: Ich schreibe, und ich vermittle mein Wissen in meinen Schreibtrainings und Workshops.

Die Reise in die Kindheit lohnt sich also, wenn man mehr über seine Einzigartigkeit wissen will.

Übung: Welches Thema beschäftigt mich emotional?
Auch das kann – gerade für Coaches, Therapeuten oder Berater - ein Hinweis auf die Einzigartigkeit sein.
Nehmen Sie sich hierfür ein paar Minuten Zeit und spüren Sie in Ihr Herz hinein. Fragen Sie sich: Wenn ich die Welt in einem Punkt verbessern könnte, was wäre das? Wofür würde mein Herz brennen?
Schauen Sie in einer entspannten Haltung, welche Idee Ihnen kommt. Schreiben Sie auch diese Idee auf, ohne sie zu bewerten.

Übung: Sich im Alltag beobachten
Sie können sich auch in Ihrem Alltag beobachten. Wie reagieren Sie auf bestimmte Dinge? Was berührt Sie emotional? Und hätten Sie vielleicht sogar eine Idee, wie Sie mit dem, was Sie gelernt haben, den Menschen auf diesem Gebiet weiterhelfen können?

Übung: Ich erschaffe mir meinen Lieblingsklienten und späteren Leser
Konzentrieren Sie sich wieder bewusst auf Ihr Herz. Fragen Sie sich: Wen hätte ich gerne als Klienten? Wer sollte mein Buch lesen, damit er oder sie vielleicht mein Klient wird?
Schauen und fühlen Sie, was Ihnen wichtig ist. Welche Bilder entstehen? Bei welchen Themen, bzw. Anliegen eines Klienten/einer Klientin spüren Sie, dass Sie da gerne helfen würden?
Erstellen Sie eine kurze Biographie (maximal eine DIN A 4-Seite) von Ihrem Traumklienten.
Dann betrachten Sie die Ideen und Ergebnisse aus den Übungen und schauen Sie, was Ihnen da für Ideen zu Ihrer Einzigartigkeit kommen.
Unterstreichen Sie das Wichtigste aus Ihrer Kindheit, aus der

Weltverbesserer-Übung und aus der Übung mit dem Traumklienten.

Spielen Sie mit den Ideen, die Ihnen kommen. Im nächsten Kapitel widmen wir uns dann der Kernidee für Ihr Buch.

Ihr Kernthema – das Fundament für Ihr Buch

Bevor Sie tiefer ins Schreiben Ihres Buches einsteigen, ist es wichtig, ein gutes Fundament zu legen. So wie ein Haus, braucht auch ein Buch ein gutes Fundament, welches in diesem Fall das Kernthema ist. Wenn Sie sich dieses in ein bis drei Sätzen notieren und evtl. noch auf eine Karteikarte schreiben, die Sie auf Ihrem Schreibtisch griffbereit liegen haben, dann können Sie sich leichter darauf fokussieren. Das Kernthema ist die Grundlage Ihres Buches, darauf baut sich alles auf. Außerdem hilft es Ihnen, dass Sie sich auf das Wesentliche konzentrieren und nicht abschweifen.

Um das Kernthema zu formulieren, ist es hilfreich, das Alleinstellungsmerkmal zu kennen. Das kann sogar dazu führen, dass Sie den Titel Ihres Buches leichter finden. Denn der Titel sollte ja auch auf den Punkt bringen, was Ihr Buch beinhaltet.

Hier ein Beispiel von mir: Es gibt schon einige Bücher darüber, wie man Sachbücher schreibt, veröffentlicht und vermarktet. Jedoch hat jeder Autor seinen ganz eigenen Stil. Ich persönlich arbeite lieber spielerisch und kreativ, aus dem Herzen. Andere schreiben eher sachlich und nüchtern.

Ich mag Bücher zu Coaching-Themen, Gesundheitsthemen oder Themen wie persönliche Veränderung und Erfolg. Wenn ich mir mein Bücherregal anschaue, so finden sich relativ wenig Romane darin, dafür umso mehr Sachbücher, wobei Ratgeber für mich zu den Sachbüchern zählen. Es ist also klar, dass ich lieber Menschen berate, die Sachbücher schreiben wollen, als Menschen, die einen Roman schreiben wollen. Einen Roman habe ich selbst noch nicht geschrieben und leider komme ich auch kaum dazu, welche zu lesen, weil mir dann schon wieder das eine oder andere Sachbuch in die Augen springt und ich das vorziehe.

Also war für mich von Anfang an klar, dass ich mich darauf fokussiere, ein Buch für Autoren von Sachbüchern zu schreiben.

Das alleine wäre jetzt noch nichts Besonderes, noch kein Alleinstellungsmerkmal.

Hinzu kommt aber die »Herz-Komponente«. In allen meinen Schreibtrainings, Workshops und Beratungen vermittle ich das Schreiben aus dem Herzen, was so viel heißt wie: Folgen Sie Ihrer Intuition! Finden Sie Ihre persönliche Schreibstimme!

Dieser Aspekt darf also in einem Ratgeber, den ich schreibe, nicht fehlen. Er ist letztendlich auch das, was das Alleinstellungsmerkmal meiner Bücher ausmacht.

Wichtig ist mir außerdem noch, dass meine Bücher kreative Übungen enthalten, die man selbst ausprobieren kann. Sie sollen praktisch sein.

Nehme ich nun die Worte, die das Kernthema des Buches ausdrücken einmal und schreibe sie untereinander, so ergibt sich folgendes:
- ✓ Ratgeber, bzw. Sachbücher schreiben.
- ✓ Herz und Intuition mit einbeziehen.
- ✓ Durch kreative Übungen zum Ziel kommen.

Das Kernthema des vorliegenden Buches drückt sich sehr schön im Titel aus: *Mach aus deinem Herzensthema ein Buch! Von der Idee zum erfolgreichen Ratgeber*

Diesen Titel habe ich zum Glück schon relativ früh gefunden, denn er hilft mir, immer wieder zu prüfen: Bin ich beim Schreiben noch auf der Spur? Enthält jedes Kapitel genau die Zutaten, die im Titel versprochen werden?

Wenn man den genauen Titel am Anfang des Schreibens noch nicht weiß, dann kann man auch mit einem Arbeitstitel arbeiten. Manchmal kommt der passende Titel sowieso während des Schreibprozesses. Wenn Sie mit einem Verlag zusammenarbeiten möchten, dann wird der Verlag meistens den endgültigen Titel festlegen, wenn Sie Glück haben, dann sogar in Absprache mit Ihnen. Das passiert aber eher meistens bei kleineren Verlagen.

Doch nun kommen wir zurück zum Kernthema Ihres Buches.

Vielleicht sind Ihnen schon ein paar Ideen gekommen, als Sie sich mit Ihrer Einzigartigkeit beschäftigt haben.

Wenn Sie noch mal die Zettel nehmen, auf denen Sie sich alles über Ihre Einzigartigkeit notiert haben, welche Worte leuchten da besonders für Sie auf? Welche Themen sind Ihnen wichtig?

Vielleicht geht es Ihnen im ersten Moment wie Marie, die viele Themen hatte, die ihr wichtig waren. Dann fand sie aber schließlich ihre »Dachmarke«, ihr Fundament, nämlich die Arbeit mit Menschen in Trennungssituationen.

Wenn Sie also viele Themen haben, dann schauen Sie noch mal genauer, welches Hauptthema dahinter verborgen ist, zu dem die anderen Themen auch passen. Und denken Sie daran: Sie können jederzeit ein weiteres Buch zu einem neuen Thema schreiben. Für dieses erste Buch sollten Sie sich jedoch auf ein Hauptthema festlegen.

Übung: Das Kernthema formulieren
Nehmen Sie ein Blatt Papier oder kaufen Sie sich ein Schreibtagebuch, was Sie bei diesem Projekt begleiten wird. Das empfehle ich auch immer sehr gerne, weil man sich da Notizen machen kann und alle Notizen in einem Buch hat. Bei mehreren Zetteln kann es leicht sein, dass mal der eine oder andere verloren geht.

Nehmen Sie die wichtigsten Stichworte aus Ihren Notizen und schreiben Sie Ihr Kernthema in einem Satz auf.

Anschließend reflektieren Sie darüber, ob sich das gut für Sie anfühlt. Denken Sie darüber nach, ob es zu Ihren Bedürfnissen, ihrem Ziel, das Sie mit Ihrem Buch haben, passt und zu Ihrer persönlichen Ausrichtung. Denken Sie dabei aber auch an Ihre Lieblingskunden und deren Bedürfnisse!

Der Blick über den Tellerrand

Bevor Sie mit dem Schreiben Ihres Buches durchstarten, sollten Sie einen Blick über den Tellerrand wagen. Gerade bei einem Ratgeber ist es wichtig, Bücher anderer Autoren aus dem Umfeld des eigenen Themas zu kennen.

Warum sollten Sie das tun? Bei dieser Recherche können Sie nicht nur interessante Bücher entdecken, aus denen Sie evtl. später zitieren. Oder Sie empfehlen diese Bücher vielleicht in einer Literaturliste im Anhang. Natürlich ist es auch wichtig zu schauen, was andere Menschen über Ihr Thema schreiben, welche Schwerpunkte sie setzen, usw. Das hilft Ihnen, sich klarer mit der Aussage Ihres Buches zu positionieren und zwar noch, bevor Sie so richtig mit dem Schreiben losgelegt haben. Übrigens ist das auch wichtig, wenn Sie sich nach der Fertigstellung Ihres Buches dafür entscheiden, einen Verlag zu suchen. Oft müssen Sie dann nämlich angeben, welche Werke es noch zu Ihrem Thema gibt und in wieweit Sie sich mit Ihren Inhalten von den anderen Autoren abgrenzen.

Außerdem ist es doch sicher Ihr Anliegen, ein Buch zu schreiben, das sich von den Büchern der Mitautoren unterscheidet. Ein Buch, an dem man erkennen kann, was das Besondere an Ihnen ist oder zumindest, was das Besondere an der Art ist, wie Sie an Ihr Thema herangehen.

Es gibt mehrere Möglichkeiten, diese Recherche zu betreiben. Das Internet ist hierfür ein echter Freund und Helfer.

Ich erinnere mich noch an meine Studienzeit. Da konnte man sich nicht mal vorstellen, dass es jemals so etwas wie das Internet geben würde. Damals blieben mir nur die Bibliotheken und allenfalls noch die Universitätsbuchhandlung, um herauszufinden, welche Bücher es zum jeweiligen Thema gab.

In den Bibliotheken und auch in manchen Buchhandlungen lag damals auch das sogenannte *Verzeichnis Lieferbarer Bücher* aus. Mann, waren das dicke Kataloge damals. Vielleicht erinnert sich ja sogar der eine oder andere von Ihnen daran.

Heutzutage ist das alles viel leichter, dem Internet sei Dank. Wenn Sie die ersten Schritte mit diesem Buch gegangen sind, dann wissen Sie inzwischen schon, welches Thema Ihr Hauptthema sein wird. Dann suchen Sie sich doch zwei bis drei prägnante Stichworte, die den Inhalt Ihres Buches am ehesten umschreiben. Wenn Sie schon Ihr Kernthema gefunden haben, dann dürfte das auch nicht allzu schwer sein. Legen Sie mit der Internet-Recherche los.

Erste Anlaufstelle: Das Internet
Meine erste Anlaufstelle ist meistens der Online-Händler Amazon (www.amazon.de). Dort gebe ich den Arbeitstitel meines Buches in das Suchfeld ein und schaue, welche Auswahl an Büchern mir die Suchmaschine zeigt.

Natürlich können Sie das auch genauso mit den Suchmaschinen von größeren Buchhandlungen machen, die eine reichhaltige Auswahl an Büchern haben. Warum ich in diesem Fall Amazon.de verwende, sage ich Ihnen gleich noch.

Praktisch bei den Online-Buchhändlern ist die Funktion des »Blätterns«. So können Sie anhand des Inhaltsverzeichnisses schon feststellen, ob Sie sich das Buch vielleicht sogar kaufen oder in einer Bibliothek ausleihen möchten, um damit zu arbeiten. Das bietet sich z. B. an, wenn ein Autor zwar auch auf dem gleichen Gebiet wie Sie unterwegs ist, er aber Spezialist für ein Teilgebiet ist, das für Ihr Buch wichtig ist, was Ihnen aber nicht so liegt. Dann setzen Sie einfach andere Schwerpunkte in Ihrem Buch, erwähnen das Thema vielleicht nur kurz und empfehlen das Buch dann in der Literaturliste.

Spannend ist es auch zu sehen, welche E-Books es zum Thema gibt. Manche Autoren veröffentlichen nur E-Books zu einem Thema. Aber auch darunter können Schätze sein, die Ihnen weiterhelfen.

Fremdsprachige Bücher im Internet recherchieren
Wer noch weiter über den Tellerrand schauen will, bzw. über den Ozean, kann auch mal recherchieren, was es für fremd-

sprachige Bücher zum Thema gibt. Zum Thema »Schreiben« gibt es beispielsweise sehr viele hervorragende englische Bücher. Das ist kein Wunder, denn in den USA kann man das Schreiben an vielen Universitäten studieren und auch das kreative Schreiben gibt es dort schon sehr lange.

Die Auswahl an E-Books ist bei den Kindle-E-Books von Amazon sehr groß, vor allem, wenn man die englischen Bücher noch mit einbezieht. Das ist ein Grund, warum ich auch dort recherchiere.

Die Deutsche Nationalbibliothek als Informationsquelle
Eine nächste Station für Ihre Recherche sollte die Deutsche Nationalbibliothek sein. Hier der Link zur Internetseite: http://www.dnb.de/DE/Home/home_node.html. Autoren und Verlage müssen dort die sogenannten Pflichtexemplare der Bücher, die erschienen sind, abliefern. Deshalb lohnt sich ein Blick in den Online-Katalog dort.

Das Verzeichnis Lieferbarer Bücher (VLB)
Die Zeiten, als das *Verzeichnis Lieferbarer Bücher* in manchen Buchhandlungen auslag, sind vorbei. Die Zeiten der dicken Kataloge auch. Das VLB gibt es jetzt nur noch als kostenpflichtige Online-Version oder als DVD.

Für alle, die keine Verleger oder Buchhändler sind, empfehle ich die Seite https://www.buchhandel.de/. Dort kann man über zwei Millionen Bücher recherchieren und das kostenlos.

Machen Sie sich bei der Recherche Notizen oder drucken Sie die Seiten aus, auf denen die Bücher beschrieben werden, die für Sie relevant sind.

Schauen Sie dann, welche Bücher Sie kaufen oder ausleihen möchten, um mit ihnen zu arbeiten oder welche Bücher Sie evtl. nur in der Literaturliste erwähnen möchten.

Betrachten Sie nach dieser Recherche Ihr Buchvorhaben und fragen Sie sich:

Habe ich noch ein Alleinstellungsmerkmal mit meinem Buch oder gibt es bereits jemanden, der sehr ähnlich tickt wie ich?

Muss ich schauen, dass ich mein Alleinstellungsmerkmal, meine Einzigartigkeit, noch besser herausarbeite? Muss ich noch konkreter werden? In meinem Fall hätte ich mich z. B. auch dafür entscheiden können, einen Ratgeber zu schreiben, für Studenten, die ihre Seminararbeiten schreiben müssen, oder für Handwerker, die ein Buch schreiben wollen, um mich von anderen abzugrenzen.

Tipps für die Recherche in den Büchern:
Haben Sie Bücher aus der Bibliothek ausgeliehen, dann sollten Sie wegen der Leihfristen sich zuerst mit diesen Büchern beschäftigen.

Wenn Sie die Bücher gekauft haben, dann blättern Sie doch einfach mal darin. Gehen Sie mal ganz anders vor, als Sie es sonst vielleicht machen. Lesen Sie ein bisschen im Inhaltsverzeichnis und schlagen Sie dann einfach mal intuitiv eine Seite auf und schauen, ob das, was dort steht, wichtig für Sie ist.

Kaufen Sie sich bunte Klebezettel, die Sie oben auf die jeweiligen Seiten kleben, die für Sie relevant sind, so dass Sie die wichtigen Stellen in den Büchern schneller finden.

Wenn Sie eher der »Offline-Arbeiter« sind, dann nehmen Sie Karteikarten, auf die Sie den Titel des Buches, die Seitenzahl und die wichtigsten Stichworte notieren.

Wenn Sie gerne am PC arbeiten, dann können Sie entweder auf Ihrer Festplatte eine Datei anlegen, in der Sie Ihre Recherche-Ergebnisse speichern.

Oder Sie verwenden ein Programm, wie z. B. Evernote (https://evernote.com/intl/de/). Dort können Sie Notizbücher anlegen, Sprachdateien speichern, Bilder speichern, etc. Der Vorteil von Evernote ist, dass Sie sowohl vom PC darauf zugreifen können, als auch von Tablets und Smartphones über die entsprechende App. Sie haben also die Rechercheergebnisse zu Ihrem Buch immer und überall dabei. Natürlich können Sie auch spontane Ideen zu Ihrem Buchprojekt in Evernote festhalten.

Es gibt auch Cloud-Programme, also »Wolken«, wo Sie Ihre

Daten abspeichern können, so dass Sie über das Internet Zugriff haben. Dort können Sie Ihre Notizen natürlich auch speichern. Das sind z. B. Dropbox (https://www.dropbox.com/de/) oder Google Drive (https://www.google.com/drive/). Alle diese Programme bieten sowohl kostenlose, als auch kostenpflichtige Möglichkeiten.

Probieren Sie einfach aus, was Ihnen am meisten liegt und mit welcher Lösung Sie sich am wohlsten fühlen.

Über den Tellerrand können Sie auch noch zwischendurch, während des Schreibprozesses, immer mal wieder blicken. Es könnte ja sein, dass ein Buch, welches für Ihr Thema wichtig ist, gerade erst erscheint, während Sie schon am Schreiben sind.

Wichtig ist nur, dass Sie sich am Anfang erst einmal einen Überblick darüber verschaffen, was es schon alles für Bücher zu Ihrem Fachgebiet gibt und welche Ihnen beim Verfassen der einzelnen Kapitel hilfreich sein können.

So wird aus den Zutaten ein Buch.

Nehmen wir mal an, Sie haben Ihr Kernthema gefunden und formuliert. Dann können Sie jetzt in diesem Schritt alle Zutaten, sprich Inhalte, sammeln, die wichtig für Ihr Buch sind. Ich vergleiche das mit einem Kuchen. Sie sehen das Bild eines Kuchens samt Rezept in der Zeitschrift. Schon beim Betrachten des Kuchens läuft Ihnen das Wasser im Mund zusammen. »Den möchte ich unbedingt backen!«, rufen Sie freudig. Dann blicken Sie auf das Rezept und sehen, welche Zutaten Sie brauchen. Sie notieren sich die Zutaten samt Mengenangaben. Dann gehen Sie erst einmal einkaufen, bevor sie den Kuchen backen und er dann letztendlich auch fertig ist und gegessen wird. Vielleicht laden Sie ein paar nette Menschen zum Kaffeeplausch ein oder aber Sie nehmen den Kuchen mit zu einer Veranstaltung, für die Sie einen Kuchen spendieren möchten.

Alles ging jedoch vom Bild des Kuchens in der Zeitschrift aus. Dieses Bild hat Sie inspiriert, so dass Sie auf das Rezept geschaut haben und den Kuchen letztendlich selbst gebacken haben.

Das Bild des Kuchens in der Zeitschrift wäre bei Ihrem Buchprojekt das Kernthema. Das Kernthema ist das, was Sie durch das gesamte Buchprojekt trägt. Darauf sollten Sie sich immer wieder fokussieren. Die Zutatenliste für den Kuchen wäre vergleichbar mit dem Inhalt Ihres Buches. Das Rezept hilft später dann, die Zutaten in der richtigen Reihenfolge zu mischen. Der fertige Kuchen wäre Ihr fertiges Buch, der Kaffeeklatsch die Veröffentlichung und Werbung.

Natürlich hinkt dieser Vergleich, wie alle Vergleiche. Aber dennoch finde ich es manchmal ganz hilfreich, mit Vergleichen zu arbeiten, so dass Bilder entstehen, die leichter fassbar sind als ein noch unfertiges Buch.

In diesem Kapitel befinden wir uns beim Erstellen der Zutatenliste für Ihr Buch. Das bedeutet, hier entscheiden Sie, welche Unterthemen wichtig sind und wie Sie diese anordnen wollen.

Dafür ist es hilfreich, wenn Sie Ihr Kernthema in einem Satz gut sichtbar irgendwo in Ihrem Schreibzimmer haben, so dass Sie sich immer wieder fokussieren können. Wenn Sie ein Flip-Chart haben, dann könnten Sie es dort notieren. Dann fällt der Blick schon beim Betreten des Raumes auf den Kernsatz. Wenn Sie möchten, dann können Sie das Ganze auch noch unterstützen, indem Sie sich ein Bild oder mehrere Bilder suchen, vielleicht maximal fünf, die das repräsentieren, was Sie mit Ihrem Buch aussagen möchten. Diese Collage ist dann Ihr Kraftbild, welches Sie während des gesamten Buchprojekts begleitet und Ihnen dabei hilft, sich immer wieder zu fokussieren. Denn gerade in der Phase der Ideensammlung ist der Fokus besonders wichtig, sonst kommt man schnell vom Hundertsten ins Tausendste und verliert sich in Nebenthemen. Das gilt ganz besonders für diejenigen unter Ihnen, die viele Ideen haben und sich nicht so gerne festlegen.

Eine kleine Hilfe auch hierfür: Wenn Ihnen zwischendurch Ideen kommen, Sie aber feststellen, dass diese nicht so recht zu Ihrem Kernthema passen, dann notieren Sie sich diese Ideen in einem kleinen Ideenbüchlein, in einer Datei auf der Festplatte oder einem Onlinetool.

Alles beginnt mit einem Brainstorming
Am Anfang steht meistens das Brainstorming. Das bedeutet, Sie nehmen sich ein Blatt Papier und sammeln erst einmal Ihre Ideen. Viele dieser Ideen werden sicher aus Ihrem Inneren kommen, denn Sie sind Experte für Ihr Thema und haben sich schon ausführlich damit beschäftigt. Sollten Sie in dieser Phase schon wissen, welche Quellen aus Büchern anderer Autoren Sie evtl. zitieren möchten, dann notieren Sie sich das auch in Stichworten.

Wenn Sie das Gefühl haben, Sie sind fertig mit dem Brainstorming, dann legen Sie den Zettel erst einmal beiseite und schauen am nächsten Tag noch mal drüber. Vielleicht fällt

Ihnen dann noch etwas ein, was wichtig wäre, oder Sie sehen etwas, das Sie streichen möchten.

Machen Sie das solange, bis Sie denken, dass Sie jetzt alle wichtigen Ideen notiert haben. Fokussieren Sie sich dabei immer wieder innerlich auf Ihr Kernthema und nehmen Sie mit allen Sinnen wahr, welche Ideen dazu passen oder nicht.

Spannend ist auch, wenn Sie sich in Ihre zukünftigen Leser hineinversetzen und sich fragen: Was würde ich in einem solchen Buch erwarten? Es kann evtl. sein, dass da noch mal neue Ideen kommen oder aber Ideen rausfallen. Diese können dann ja z. B. in einem weiteren Buch ihren Platz finden.

Gut strukturiert ist halb gewonnen: Die Mindmap

Als nächstes ist es hilfreich, die Ideen zu strukturieren. Aus dieser Struktur entwickelt sich dann der rote Faden für das Buch, an dem Sie sich orientieren können, während Sie schreiben.

Zu jedem dieser Hauptkapitel kann es dann wieder einzelne Unterthemen geben.

Eine gute Möglichkeit, eine solche Struktur anzufertigen, ist die Mindmap.

Der Psychologe Tony Buzan entwickelte diese Technik, um komplexe Zusammenhänge strukturiert zu visualisieren und in Kategorien einzuordnen.

Eine Mindmap kann man sowohl auf dem Papier anlegen, als auch in einer Datei auf dem PC. Es gibt sogar Online-Programme, mit denen man das im Internet machen kann.

So geht es: Nehmen Sie ein Blatt Papier oder öffnen Sie ein virtuelles Blatt. Schreiben Sie in die Mitte den Kernsatz für Ihr Buch.

Suchen Sie sich dann Ihre Hauptthemen und ziehen Sie für jedes Thema jeweils einen Strich zwischen Hauptthema und dem Kern. Ordnen Sie dann die Unterthemen den jeweiligen Hauptthemen zu, indem Sie einen Strich ziehen zwischen dem jeweiligen Hauptthema und den dazu passenden Unterthemen. Je nach Computerprogramm, gibt es die Möglichkeit, dann noch Symbole zu vergeben, z. B. um die Hauptthemen in eine Reihenfolge zu bringen, etc.

Hier eine Mindmap, die ich ganz am Anfang gemacht habe, um meine Ideen für die ersten Kapitel dieses Buches zu strukturieren:

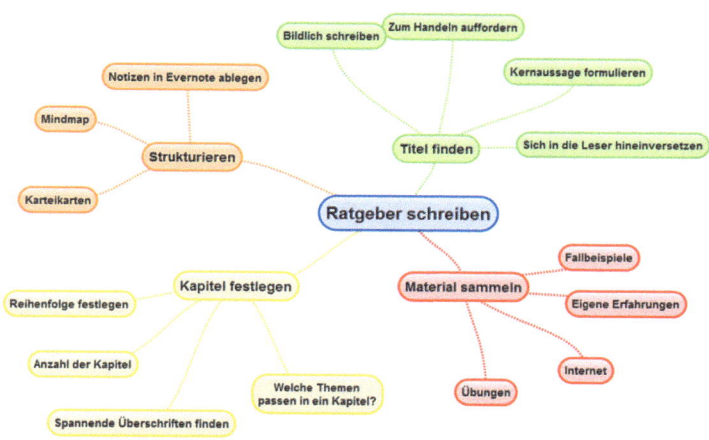

Abbildung 1: Mindmap

Für alle, die gerne mit dem PC arbeiten, erwähne ich hier gerne drei Mindmap-Programme,

Das bekannteste Programm ist wohl **MindManager®**. Das Programm ist ziemlich umfangreich und wurde für größere Unternehmen entwickelt. Ich denke, für Solounternehmer ist es eher eine Nummer zu groß, auch vom Preis her. Wer sich darüber informieren will, schaut am besten auf den Internet-Seiten direkt nach: http://www.mindjet.com/de/

Für die Zwecke eines Autors meiner Ansicht nach völlig ausreichend, sind diese beiden Lösungen:

Mindmeister ist ein Tool, mit dem man online Mindmaps erstellt. Bei diesem Tool kann man sogar mit mehreren Kollegen an einer Mindmap arbeiten. Das könnte eine Option für Co-Autoren sein. Mindmeister lässt sich auch auf mobilen

Geräten bedienen. Hier gibt es mehr Infos: http://www.mindmeister.com/de

Ein drittes Programm ist **SimpleMind™**, welches es sowohl für PCs gibt, als auch für mobile Geräte. Ich habe es zuerst auf dem Tablet angewendet und war dann überrascht, dass es auch eine Version für den PC gibt.

Wer es einfach mag, nicht unbedingt mit Co-Autoren arbeiten muss, für den reicht SimpleMind™ meiner Ansicht nach völlig. Die Beispiel-Mindmap hier im Buch habe ich übrigens mit SimpleMind erstellt. Hier gibt es weitere Infos: http://www.simpleapps.eu/simplemind/

Den roten Faden finden ohne PC: Strukturkärtchen
Vielleicht gehören Sie ja zu den Menschen, die nicht immer am PC arbeiten wollen oder mit einem Tablet. Natürlich kann man eine Mindmap auch auf einem Blatt Papier machen. Das hat aber den Nachteil, dass man dann nichts mehr ändern kann, wenn einem spontan noch etwas einfällt. Es sei denn, man schreibt mit Bleistift.

Was sich aber gut eignet, wenn man ohne PC arbeiten möchte, sind Strukturkärtchen. Dafür nimmt man Karteikarten in der Größe DIN A6. Dann schreibt man auf jede Karte ein Stichwort oder einen kurzen Satz für ein Unterthema des Buches. Anschließend spielt man mit den Kärtchen, solange, bis man die richtige Struktur für sein Buch gefunden hat.

Aus einigen Stichworten wird später eine Kapitelüberschrift. Die anderen Stichworte werden diesen Hauptstichworten untergeordnet. Sie skizzieren die Inhalte der jeweiligen Kapitel. Für ein Buch zum Thema »Vom Traum zum Traumjob« könnte das vielleicht so aussehen wie im nächsten Beispiel. In diesem Fall habe ich die Hauptstichworte für die Kapitel gelb hinterlegt, damit es besser zu erkennen ist. Die »Karten« darunter sind dann die Bestandteile des jeweiligen Kapitels in Stichworten.

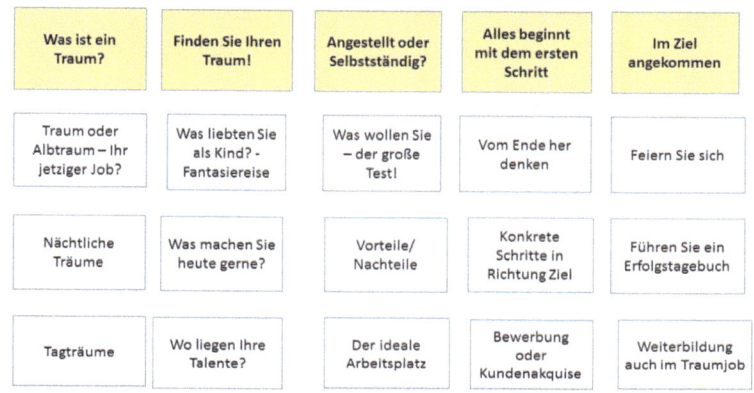

Abbildung 2: Strukturkärtchen

Beide Möglichkeiten haben ihre Vorteile. Die Strukturkärtchen können Sie entweder an das Flip-Chart pinnen oder auf dem Fußboden ausbreiten. Anschließend machen Sie vom Abschlussbild ein Foto, welches Sie sich hinhängen. Der Vorteil ist, dass man keine neuen Programme lernen muss, um mit den Inhalten des Buches zu spielen. Der Nachteil ist, dass man sie irgendwo befestigen muss oder ein Foto machen muss. Auf dem Boden liegen sie meistens irgendwann im Weg.

Eine Mindmap kann man sowohl auf dem Blatt Papier, als auch im PC herstellen. Auf einem Blatt Papier würde ich allerdings mit Bleistift arbeiten, damit man noch Änderungen machen kann. Die Arbeit am PC hat den Vorteil, dass man jederzeit etwas verändern oder hinzufügen kann und die Mindmap auch gleich abgespeichert ist.

Übung: Meine Kapitelstruktur
Entscheiden Sie sich für ein Tool zur Strukturierung. Nehmen Sie dann Ihre Ideen aus dem Brainstorming und bringen Sie diese in eine geeignete Reihenfolge. Als Erstes legen Sie die Hauptthemen für die Kapitel fest. Dann nehmen Sie die anderen Stichworte und schauen, zu welchem Kapitel sie am besten passen.

Reflektieren Sie am Schluss über Ihr Ergebnis:
- ✓ Habe ich die Kapitel in eine logische Reihenfolge gebracht?
- ✓ Ist der rote Faden klar erkennbar?
- ✓ Habe ich das Gefühl, dass noch etwas Wichtiges fehlt?
- ✓ Oder fühlt sich das erst einmal vollständig an?

Jetzt sind Sie bereit für die Feinarbeit. Im nächsten Kapitel schauen wir uns an, wie Sie kreative Kapitelüberschriften finden.

Das Geheimnis spannender Kapitelüberschriften

Bei einem Sachbuch oder Ratgeber-Buch empfiehlt es sich, vor dem eigentlichen Schreiben, die Kapitel und ihre Überschriften festzulegen. Dafür benötigen Sie jetzt die Stichworte aus Ihrer Mindmap oder Ihrem Strukturkärtchen-Bild. Jetzt ist es an der Zeit, aus den Hauptstichworten spannende Überschriften zu kreieren. Natürlich können Sie später die eine oder andere Überschrift immer noch ändern, aber es hilft auch fürs Schreiben des Kapitels, wenn schon eine gute Überschrift dasteht, die die geplanten Inhalte auf den Punkt bringt. Doch wie kreiert man spannende Überschriften? Was ist das Merkmal einer spannenden Überschrift?

Folgendes finde ich wichtig:
- ✓ Sie soll neugierig machen.
- ✓ Sie soll zum Weiterlesen animieren.
- ✓ Sie soll die Inhalte des Kapitels auf den Punkt bringen.
- ✓ Es gibt mehrere Möglichkeiten, eine Überschrift zu formulieren.
- ✓ Man kann eine Frage stellen.
- ✓ Man kann zu einer Handlung auffordern.
- ✓ Man kann mit einer Aussage provozieren.
- ✓ Super ist es auch, in Bildern schreiben.
- ✓ Manchmal kann man Emotionen wecken.
- ✓ Oder man spricht die Leser persönlich an.
- ✓ Kurze Sätze, wenige Worte verwenden.
- ✓ Im Aktiv statt im Passiv schreiben.

Die Überschrift als Frage formulieren
In einem Buch zum Thema »Traumjob« könnte der Autor fürs erste Kapitel als Stichwort »Was ist ein Traum?« festgelegt haben.

Zunächst schauen wir, wie man das als Frage formulieren kann.
Da ginge z. B. »Was ist dein Traum?«
Oder: Kennst du deinen Lebenstraum? Dann wäre es noch klarer, dass es eher darum geht, was man sich für sein Leben erträumt. »Was ist dein Traum?« ist hingegen ein bisschen zu unspezifisch und »Was ist ein Traum?« bezieht sich allgemein auf das Thema »Träume«. Der Leser wird nicht persönlich angesprochen.
Gut wäre auch folgende Frage: »Lebst du deinen Traum oder den eines anderen?

Die Aufforderung
Jemandem sagen, was er tun soll, ist manchmal provokant, aber es bringt etwas in Bewegung, weil es den Leser zum Tun anregt.
Hier würde mir als Beispiel sofort der bekannte Satz einfallen: »Träume nicht dein Leben, sondern lebe deinen Traum!«
Oder eine Alternative: »Beginne jetzt, deine Träume zu verwirklichen!«

Eine provokante Überschrift wählen
Provokant wäre z. B. diese Aussage: »Du hast nicht ewig Zeit für deine Träume.« Oder diese Aussage: »Am Lebensende ist es zu spät für deine Träume!« »Wenn nicht jetzt, wann dann!«

Emotionen wecken
Schon eine provokante Überschrift weckt Emotionen. Aber wir können das auch noch ein bisschen auf die Spitze treiben. Wie wäre es z. B. mit » Sind Sie wütend, dass Ihre Träume noch nicht wahr geworden sind?« Spannend wäre auch: »Jeder Tag ohne Traum ist ein verlorener Tag.« Oder: »Lebe endlich und träume nicht nur!« »Es war einmal ein Traum.« So beginnen normalerweise Märchen, aber es könnte genauso hier in diese Kategorie passen, weil es Gefühle erzeugt, je nachdem wie der Leser das interpretiert. Entweder bekommt er eine

große Sehnsucht, nach seinem vergessenen Lebenstraum zu forschen. Oder er wird traurig, weil es zu spät sein könnte, den Traum zu verwirklichen. »Es war einmal...«, könnte auch heißen, dass alles vorbei ist.

Alle diese Überschriften erzeugen auf ihre Art und Weise eine Emotion. Wut, Verlustgefühl, Angst, dass es zu spät sein wird usw.

Persönliche Ansprache
Ich halte die persönliche Ansprache des Lesers für wichtig, denn das zieht ihn geradezu in den Text hinein, und hilft ihm gleichzeitig auch, über das Geschriebene zu reflektieren und es in einen Kontext zu seinem Leben zu setzen. Die persönliche Ansprache sollte, wenn es einen Sinn ergibt, auch schon in den Kapitelüberschriften stattfinden.

Wir hatten schon einige Beispiele für Kapitelüberschriften, bei denen das der Fall war, wie z. B.:

»Lebst du deinen Traum oder den eines anderen?

»Lebe deine Träume!« wäre auch so ein Beispiel oder »Bringen Sie Ihre Träume zum Blühen!« Je nachdem, ob man seine Leser eher mit »Du« oder mit »Sie« ansprechen möchte. Das kommt natürlich auf den Kontext an. Wichtig ist auch die persönliche Ansprache. Wählen Sie lieber »Lassen Sie Ihre Träume erblühen!« statt »Träume zum Blühen bringen«.

In Bildern schreiben
Bilder, die unsere Vorstellungskraft anregen, sind auch eine Möglichkeit für Überschriften. Es ist nicht immer mit jedem Thema so leicht, ein passendes Bild zu finden, aber probieren Sie es mal aus.

Als Unterstützung können Sie Bilder aus Zeitschriften ausschneiden und sich von diesen zu einer bildlichen Sprache anregen lassen.

Nehmen wir mal an, Sie haben ein Bild mit einer Strandidylle mit einem türkisblauen Meer entdeckt.

Jetzt können Sie schauen, wozu dieses Bild Sie inspiriert.

Vielleicht zu diesem Satz: »Mit einem Herzensbusiness haben Sie jeden Tag Urlaub!« Oder: »Ein Leben wie eine Strandidylle«.

Kurze Sätze, wenig Worte
Ich würde Ihnen raten, möglichst kurze Sätze zu machen, die den Kapitelinhalt auf den Punkt bringen. Spielen Sie mit den Worten, probieren Sie verschiedene Varianten aus, solange bis sich die Überschrift gut anfühlt. »Vom Traum zum Traumleben« wäre z. B. eine Überschrift, die zwar keine persönliche Ansprache hat, aber dennoch neugierig macht und sie besteht nur aus vier Worten.

Aktiv statt Passiv
Dies ist eine Regel, die allgemein für das Schreiben von Texten wichtig ist, ganz gleich, ob es sich um einen Werbetext, ein Sachbuch oder einen Roman handelt. Passiv oder auch die »Leidensform« lähmt. Es macht einen Text generell schwer.

Auch hier wieder ein Beispiel: »So werden Träume lebendig« ist die passive Variante. »Lassen Sie Ihre Träume lebendig werden!« die aktive Variante, die eine Aufforderung zum Tun enthält.

Spüren Sie in diese Sätze hinein, indem Sie sie laut vor sich hersagen. Welcher Satz fühlt sich energievoller an? Ein anderes Beispiel: »Wie Träume gedeutet werden« wäre die passive Variante. »So deuten Sie Ihre Träume« ist die aktive Variante. Spüren Sie, was Sie mehr anzieht?

Übung: Finden Sie spannende Kapitel-Überschriften
Nach diesen Beispielen sind Sie jetzt wieder am Zug. Nehmen Sie sich die Hauptstichworte Ihrer Mindmap oder Ihres Strukturkärtchen-Bildes. Legen Sie jetzt die Kapitelreihenfolge fest, sollten Sie es noch nicht getan haben. Nehmen Sie dann Stichwort für Stichwort in der richtigen Reihenfolge der Kapitel und entwickeln Sie Überschriften. Spielen Sie mit den verschiedenen Varianten.

Tipp: Versetzen Sie sich in Ihre Zielgruppe
Denken Sie beim Spielen mit den Überschriften auch an Ihre Zielgruppe. Wer soll das Buch lesen? Möchten Sie die Leser eher mit »Sie« ansprechen oder ist das »Du« in Ihrem Fachgebiet verbreitet? Sind es Frauen oder Männer? »Träume zum Erblühen bringen« klingt ziemlich poetisch. Für den gestandenen Manager ist das vielleicht nicht gerade die passende Überschrift. Deshalb sollten Sie auch bei der Wahl der Bilder in der Überschrift immer Ihre Zielgruppe im Blick haben.

Übung: Den Leser visualisieren
Wenn Sie noch so gar nicht richtig wissen, wer Ihr Buch später kaufen soll und wie Sie diese Menschen am besten ansprechen, dann können Sie auch folgende Übung probieren:
Stellen Sie sich vor, Sie entwerfen eine Romanfigur. Diese Romanfigur ist Ihr Leser. Wie sieht er aus? Welche Herausforderungen hat er in seinem Leben? Was hofft er, durch Ihr Buch zu lernen? Aber auch: Welche Vorlieben und Abneigungen könnte er haben? Wie kleidet er sich? Was für Freunde hat er. In welchem Umfeld lebt er, etc.
Skizzieren Sie diese Person in einem kurzen Text, maximal eine DIN A 4-Seite. Stellen Sie sich diese Person vor Ihrem inneren Bildschirm genau vor. Notieren Sie, was für Impulse Ihnen kommen, während Sie dabei sind, innerlich Ihre Leserschaft zu erkunden. Diesen Leser können Sie dann auch vor Augen haben, wenn Sie weiter an Ihrem Buch schreiben. Sie können auch in einen inneren Dialog mit ihm treten, um herauszufinden, was er gerne von Ihnen hätte.
Auch, wenn ich hier von Lesern geschrieben habe, so gilt das Gleiche natürlich auch für Leserinnen. Je nachdem, ob Ihr Buch eher Frauen oder Männer ansprechen soll.
Sie haben alle Kapitelüberschriften fertig? Prima! Herzlichen Glückwunsch. Sie haben schon einen großen Schritt geschafft und den roten Faden für Ihr Buch kreiert. Jetzt geht es an die Bausteine der einzelnen Kapitel und an die Dinge, die einen Autor beim Schreiben sonst noch so bewegen.

Viel Material und immer noch kein Durchblick?

Wenn Sie der Schritt-für-Schritt-Anleitung bis hierher gefolgt sind, dann sollten Sie bis jetzt eine schöne Struktur für Ihr Buch entwickelt haben.

Vielleicht gehören Sie aber zu den Menschen, die gerne viel Material sammeln, 1000 Ideen haben und sich gar nicht entscheiden können, was für das Buch wichtig oder unwichtig ist. Dann bekommen Sie jetzt in diesem Kapitel noch mal die Gelegenheit, das loszulassen, was Sie nicht für Ihr Buch brauchen.

Manche Menschen wissen sehr schnell, welche gesammelten Materialien wirklich wichtig für ihr Buch sind. Andere haben Schwierigkeiten, das loszulassen, was sie nicht benötigen. Sie sind so richtige Sammler. Ich weiß, wovon ich hier schreibe, denn ich sammle gerne Zeitschriften und es dauert manchmal etwas länger, bis ich sie dann doch entsorge.

Damit Sie wirklich befreit mit dem Schreiben loslegen können, sollten Sie Ihre Ideen und Materialien noch einmal durchschauen und den einzelnen Kapiteln zuordnen.

Nehmen Sie sich jetzt Ihr gesamtes Material, das Sie für Ihr Buch gesammelt haben und breiten es auf dem Tisch aus. Außerdem sollten Sie Ihr Kernthema und die Grundstruktur Ihres Buches parat haben, welche Sie entweder als Mindmap oder mit Strukturkärtchen erstellt haben.

Tipp: Wenn es Ihnen schwer fällt, Materialien loszulassen, dann legen Sie sich auch noch eine Mappe bereit, in die all das hineinkommt, was Sie für Ihr Buch nicht benötigen, was Sie aber gerne für später aufheben möchten.

Schauen Sie sich jetzt Ihre gesammelten Ideen, Notizen, Zeitschriftenartikel, Auszüge aus Büchern an und fragen Sie sich:

Passt das zu meinem Kernthema? Wenn ja, dann schauen Sie, zu welchem Kapitel die Unterlagen gehören und notieren Sie dies. Passt etwas gar nicht, dann kommt es in die Mappe für später.

Hier ein Beispiel: Anhand der fiktiven Autorin Corinna Neu zeige ich Ihnen in diesem Buch, wie Sie die einzelnen Kapitel Ihres Buches mit Leben, bzw. mit Inhalt füllen können. Über Corinna Neu erfahren Sie später mehr. Jetzt nur so viel: Sie ist Coach und hilft Frauen, die mit 45+ noch mal beruflich neu durchstarten möchten. Sie will auch ein Buch schreiben. Der Titel des Buches lautet: *Noch mal alles neu im Job mit 45+.* Natürlich muss sie auch ihr Material sichten. Dabei geht sie folgendermaßen vor:

Sie hat einen Artikel in einer Zeitung gefunden, in dem steht, dass man auch mit 50+ noch mal beruflich neu durchstarten kann. Jetzt schaut sie, zu welchem Kapitel dieser Artikel passen würde. Sie entscheidet sich für das Kapitel »Es ist nie zu spät«.

Als Nächstes fällt ihr ein Fallbeispiel in die Hände. Ihre Klientin, Frau Mustermann, hat ihr erlaubt, dass sie darüber schreibt, wie sie im Büro gemobbt wurde, dann den Ausstieg wagte, und jetzt erfolgreich selbstständig ist, mit einem eigenen Büroservice für Anwälte und Steuerberater.

Sie überlegt, wo dieses Fallbeispiel am besten hinpassen würde. Ihr Blick fällt auf das Kapitel mit der Überschrift: »Wann es Zeit für eine Veränderung ist«, in dem sie darüber schreiben möchte, was Menschen im Berufsleben passiert, bevor sie sich dafür entscheiden, das Angestelltendasein zu beenden und sich selbstständig zu machen.

Dann hat sie ein Interview mit einem Experten geführt, zum Thema: »Raus aus der Arbeitslosigkeit nach der betriebsbedingten Kündigung«. Dieser Experte hilft Menschen in einer solchen Situation, wieder einen neuen Job zu bekommen. Sie entscheidet sich, dass dieses Interview Bestandteil des Kapitels »Kündigung und nun?« wird.

Es gibt zwei mögliche Vorgehensweisen: Entweder Sie sortieren Ihr Material am Anfang für alle Kapitel und schreiben dann. Oder Sie machen das für ein Kapitel, schreiben dann erst mal an diesem Kapitel, und wenn Sie damit fertig sind, kommt das nächste Kapitel dran. Schauen Sie, was Ihnen besser liegt. Der Vorteil der ersten Vorgehensweise ist, dass Sie gleich am Anfang wirklich alle Materialien, die Sie nicht benötigen, aussortieren und sich dann nur noch aufs Schreiben konzentrieren können.

Übung: Den Blick in das fertige Buch wagen (Fantasiereise)
In dieser Übung tun Sie so, als wäre Ihr Buch schon fertig. Nehmen Sie sich ca. 20-30 Minuten Zeit und begeben Sie sich an einen Ort, wo Sie ungestört sind.

Atmen Sie ein paarmal tief ein und aus. Mit jedem Ausatmen lassen Sie den Alltag los.

Stellen Sie sich dann vor, dass Sie in Ihren inneren Schreibraum gehen. Wir hatten diese Übung in dem Kapitel »In Kontakt mit der persönlichen Schreibstimme kommen«.

Wenn Sie in Ihrem inneren Schreibraum sind, sehen Sie ein Paket. Der Absender ist die Druckerei oder der Verleger. Als Sie das Paket öffnen, sehen Sie einige Exemplare Ihres Buches. Stellen Sie sich vor, wie Sie eines der Bücher in die Hand nehmen und öffnen. Wie fühlen Sie sich? Wie fühlt sich das Buch in Ihren Händen an? Wie sieht es aus? Wie nehmen Sie das Cover wahr?

Schauen Sie in das Buch. Wie sehen die Kapitel aus? Wie sind sie aufgebaut? Vielleicht werfen Sie auch einen Blick auf die Übungen, die die Kapitel enthalten. Was entdecken Sie noch?

Wenn Sie genug gesehen haben, dann gehen Sie langsam wieder aus Ihrem inneren Schreibraum raus. Öffnen Sie die Augen und kommen Sie wieder in Ihrem Alltag an. Am besten schreiben Sie sofort auf, was Sie wahrgenommen haben oder welche Ideen Ihnen gekommen sind.

Mit dieser Übung gelingt es Ihnen, sich auf das Ziel zu fokussieren, das fertige Buch in den Händen zu halten. Sie ist auch dann besonders hilfreich, wenn Sie vielleicht mal gerade wieder einen Durchhänger haben und denken, Sie schaffen es nicht, Ihr Buch fertigzustellen.

So halten Sie Ihre Leser bei der Stange

Auch ein Ratgeber darf spannend sein und zum Weiterlesen animieren. Ja, das soll sogar so sein. Wir reden hier ja nicht von einem Fachbuch, z. B. für Wissenschaftler, sondern von einem Buch, das auch für Laien attraktiv sein soll. Dazu gehört neben einer einfachen, leichtverständlichen Sprache auch eine ansprechende Kapitelstruktur.

Deshalb ein Tipp gleich vorneweg: Verwenden Sie so wenig Fremdworte wie möglich. Schreiben Sie in kurzen Sätzen und erzählen Sie so, dass es den Leser berührt, dass er sich vielleicht sogar in dem einen oder anderen Beispiel, das Sie erwähnen, wiedererkennt.

In diesem und den folgenden Kapiteln bekommen Sie praktische Tipps, wie Sie ein Kapitel so aufbereiten können, dass der Leser das Buch möglichst nur schwer aus der Hand legen kann, weil es ihn so fasziniert.

Es gibt viele unterschiedliche Arten von Ratgebern: Gesundheitsratgeber, Coaching-Ratgeber, Ratgeber zum Thema Existenzgründung, Ernährungsratgeber oder populäre Wirtschaftsratgeber.

Da ich mit diesem Buch speziell Coaches, Berater, Trainer oder Heilpraktiker ansprechen möchte, konzentriere ich mich beim Thema »Kapitelstruktur« auf die Form, die meiner Ansicht nach für diese Berufsgruppen empfehlenswert ist.

Der Aufbau könnte folgendermaßen sein:
- ✓ Eine spannende Einleitung, die in das Thema des Kapitels einführt.
- ✓ Ein Fallbeispiel, das Ihre Idee, These oder Meinung untermauert.
- ✓ Weiterführende Abschnitte, die das Ganze vertiefen.
- ✓ Evtl. noch ein Zitat, wenn es passt, oder ein kurzes Interview mit einem Experten, der ergänzende Ideen oder Informationen hat.

- ✓ Eine Übung zum Ausprobieren.
- ✓ Vielleicht auch noch mal eine Zusammenfassung der wichtigsten Punkte am Ende des Kapitels.

Ich persönliche finde es ganz praktisch, wenn die Kapitel eines Ratgebers immer gleich oder ähnlich aufgebaut werden, sofern das passt. Dann ist das wie ein roter Faden innerhalb eines Kapitels.

Fallbeispiele oder Erlebnisberichte, in denen Sie von eigenen Erfahrungen erzählen, machen ein Kapitel spannend. Natürlich sollten Sie die Personen, deren Fallbeispiele Sie erzählen, schriftlich um Erlaubnis bitten. Wie Fallbeispiele spannend geschrieben werden erkunden wir in einem der folgenden Kapitel.

Gerne gesehen bei Ratgeber-Büchern sind auch Übungen zum Ausprobieren. Ich persönlich mag es jedenfalls, wenn mir der Autor oder die Autorin eine Übung an die Hand gibt, so dass ich das Gelesene gleich ausprobieren kann.

Auch eine Zusammenfassung am Ende eines Kapitels ist eine gute Idee. Sie bietet sich gerade bei größeren Kapiteln mit längeren Texten an.

So etwas wie »Das Wichtigste auf einen Blick« und dann die einzelnen Punkte, die im Kapitel besprochen wurden, aufzuzählen, ist auch praktisch für den Leser, wenn er das Buch schon gelesen hat, sich aber noch einmal einen schnellen Überblick verschaffen will.

Übung: So behalten Sie den Überblick
Vielleicht haben Sie viele Zettel oder Sie haben Ihre Ideen in ein Notizbuch geschrieben. Das Problem bei diesen beiden Varianten ist, dass man da schnell mal den Überblick verlieren kann und etwas vergessen kann.

Deshalb empfiehlt es sich, möglichst jedes Kapitel noch einmal so zu visualisieren, dass man auf einen Blick sieht, was in das Kapitel gehört. Dies können Sie z. B. mit einer Mindmap machen. Das verhindert auch, dass Sie Dinge doppelt schreiben, weil Sie den Überblick verloren haben.

Hier noch eine kleine Anekdote von mir zu diesem Thema: Als ich an diesem Buch schrieb, machte ich einmal zwischen zwei Kapiteln eine längere Pause mit dem Schreiben. Natürlich hatte ich meine Kapitelstruktur, hatte aber keine Mindmap für jedes Kapitel angefertigt.

Später stellte ich dann fest, dass ich in zwei kurz aufeinanderfolgenden Kapiteln eine fast identische Übung zum Ausprobieren gegeben hatte.

Mit einer Mindmap wäre das wahrscheinlich nicht passiert.

Es kann natürlich sein, dass es Ihnen gar nicht liegt, so viel im Voraus zu strukturieren. Es gibt Menschen, die haben ein paar Notizen und ihre Kapitelstruktur, aber ansonsten haben sie vieles im Kopf. Sie wollen die Dinge nicht überstrukturieren, denn das würde ihren Schreibfluss bremsen. Wenn Sie so jemand sind, dann können Sie natürlich auch ohne diese Kapitel-Mindmaps arbeiten. Sie sollten dann aber bei der Überarbeitung sehr sorgfältig sein und schauen, ob ihr Text im Fluss ist, ob es irgendwo Doppelungen gibt oder ob in einem der Kapitel etwas fehlt.

Ansonsten lege ich Ihnen die Kapitel-Mindmap wirklich ans Herz.

Die Einleitung als Türöffner

Oft fängt das Kapitel eines Buches mit einer (kleinen) Einleitung an. Auch für diese Einleitung gibt es viele Möglichkeiten. Man kann z. B. eine Frage stellen oder aber auch vorab zusammenfassen, was die Leser in dem Kapitel erwartet.

Manche Autoren stellen auch jedem Kapitel ein kurzes Zitat einer berühmten Persönlichkeit voran, welches sich auf die Inhalte des Kapitels bezieht. Auch das ist eine schöne Idee.

Da sollten Sie schauen, was zu Ihnen und Ihrem Thema passt.

In diesem und in den folgenden Kapiteln erzähle ich Ihnen mehr über die einzelnen Bestandteile eines Kapitels.

Anhand des fiktiven Beispiels von Corinna Neu zeige ich Ihnen, wie Sie die Kapitel Ihres Buches mit Leben, bzw. Inhalten füllen können. Ich finde, es ist leichter zu verstehen, wenn man anhand eines Beispiels schaut, wie etwas funktioniert, als wenn man es nur theoretisch betrachtet.

Nehmen wir mal an, Corinna Neu ist 49 Jahre alt. Sie hat viele Jahre im Unternehmen ihres Mannes mitgeholfen, doch jetzt will sie ihren Traum verwirklichen und Frauen coachen, die mit 45+ noch mal beruflich durchstarten wollen. Natürlich will sie dafür auch ein Buch schreiben. *Noch mal alles neu im Job mit 45+* will sie es nennen.

Eines ihrer Kapitel soll heißen:»Wenn Frauen in Aufbruchsstimmung sind«. In diesem Kapitel beschäftigt sie sich mit dem Thema, warum Frauen im mittleren Alter oft das Bedürfnis haben, beruflich noch mal neu durchzustarten, um das zu tun, was sie schon immer tun wollten: Ihre Talente und Fähigkeiten in einem Beruf einsetzen, der sie erfüllt.

Jetzt schauen wir uns an, welche Möglichkeiten Corinna Neu hätte, um eine Einleitung für dieses Kapitel zu schreiben.

Eine Frage stellen:

Corinna hätte z. B. die Möglichkeit, die Leserin direkt mit einer Frage anzusprechen:
Geht es Ihnen auch so? Sie sind Mitte 40 oder sogar über 50 und haben den unwiderstehlichen Drang, noch mal etwas Neues zu wagen?

Allgemein schreiben, ohne direkte Ansprache:
Den gleichen Text kann man auch so formulieren:
Vielen Frauen geht es so, dass sie mit Mitte 40 oder auch, wenn sie um die 50 sind, gerne noch mal neu durchstarten möchten. Die Gründe dafür sind vielfältig.

Die Zusammenfassung am Anfang: Was erwartet Sie in dem Kapitel?
Manche Autoren fassen auch am Anfang kurz zusammen, worum es in dem Kapitel geht. Corinna könnte das z. B. so machen.
In diesem Kapitel zeige ich Ihnen, warum Sie nicht alleine sind, wenn sie das Gefühl haben, Sie möchten noch mal beruflich neu durchstarten und Ihren Traumjob finden.
Anhand von Beispielen dreier Frauen, die den Neuanfang aus ganz unterschiedlichen Gründen gewagt haben, zeige ich Ihnen, dass es gelingen kann. Am Schluss gibt es eine Übung, die Ihnen dabei helfen soll, den ersten Schritt zu tun.

Ein Zitat als Aufhänger
Manchmal eignet sich auch ein Zitat, das man dem Text voranstellen kann. Was Sie zum Thema »Zitate« beachten sollten, erfahren Sie später noch.
Wenn Sie diesen Weg wählen, dann wäre es sogar sinnvoll, jedem Kapitel ein Zitat voranzustellen, damit die Struktur einheitlich ist.

Hier würde vielleicht ein Zitat wie das folgende passen:
Und plötzlich weißt du:
Es ist Zeit, etwas Neues zu beginnen,
und dem Zauber des Anfangs zu vertrauen.
– Meister Eckhart

Dann könnte Corinna auf das Zitat Bezug nehmen, indem sie weiterschreibt:
Vielleicht geht es Ihnen gerade auch so. Der Wunsch nach einem Neuanfang wird von Tag zu Tag stärker. Die gute Nachricht ist: Sie sind nicht allein. Vielen anderen Frauen in der sogenannten Lebensmitte geht es ähnlich.

Mit einer eigenen Geschichte beginnen

Diese Möglichkeit eignet sich sicher nicht für jedes Buch und jedes Kapitel, aber ab und zu kann sie ganz reizvoll sein.
 Bei Corinna könnte das ungefähr so aussehen:
Jetzt war Sascha endgültig ausgezogen. Mein Sohn, unser Sohn, war volljährig und studierte in einer anderen Stadt. Es war so, als würde sich eine Tür schließen. Eine Tür, die jahrelang geöffnet war. 18 Jahre lang hatte ich ihn in seinem Leben begleitet. Nun war er flügge geworden, und ich spürte die Leere in unserem Haus. Den Job für meinen Mann erledigte ich schon seit Jahren im Homeoffice. Solange Sascha noch ein Kind war, war das ideal. Doch jetzt begann die Stille im Haus mich zu nerven.
Eine Freundin erzählte mir, dass sie mit einer Ausbildung zum Existenzgründer-Coach angefangen hatte. Das gefiel mir. Ich besorgte mir Informationen, besprach alles mit meinem Mann und dann meldete ich mich zur Ausbildung an. Wie glücklich war ich doch, endlich wieder ein Ziel zu haben, noch mal etwas Neues zu machen, etwas, das meinen Fähigkeiten entsprach.
 Nach diesem Erzählteil ist es eine gute Idee, den Leser mit Fragen direkt anzusprechen.
Erkennen Sie sich da wieder? Geht es Ihnen vielleicht ähnlich wie mir?

Tipp: Bei dieser Variante sollten Sie aufpassen, dass Sie nicht zu viel erzählen. Gerade wenn man gerne schreibt, dann kann es passieren, dass man sich im Erzählen verliert.

Übung: Die Einleitung für ein Kapitel schreiben
Jetzt sind Sie dran! Schreiben Sie die Einleitung für ein Kapitel Ihres Buches!

Vielleicht möchten Sie sich vorher kurz innerlich in Ihren Leser/Ihre Leserin hineinversetzen. Welche Einleitung würde am besten zum Leser passen? Was passt zu Ihrem Thema?

Schließen Sie kurz die Augen und schauen Sie auf Ihren inneren Bildschirm. Sehen Sie Ihre Lieblingsleserin, wie sie das Buch in der Hand hält und fragen Sie, wie sie am liebsten angesprochen werden möchte.

Welche Ideen kommen Ihnen da? Was nehmen Sie wahr? Was fühlen Sie? Machen Sie sich Notizen.

Haben Sie mehrere Ideen bekommen? Dann suchen Sie sich eine Idee für die Einleitung aus und machen Sie daraus eine Einleitung für das Kapitel. Sie können auch gerne noch ein bis zwei weitere Varianten ausprobieren, diese einen Tag liegen lassen, und dann am nächsten Tag schauen, welche Einleitung am besten passt.

Lebendige Fallbeispiele kreieren

Ich weiß nicht, wie es Ihnen geht. Aber wenn ich einen Ratgeber oder ein Sachbuch lese, dann interessieren mich immer am meisten die Geschichten von Menschen, die sich auch mit dem Thema des Buches beschäftigt haben und Lösungen in ihrem Leben gefunden haben.

Fallbeispiele untermauern die Thesen des Buches und machen es lebendig. Als Leser kann ich schauen, ob ich mich mit der einen oder anderen Person identifiziere. Vielleicht inspirieren mich die Beispiele sogar dazu, übe eigene Lösungen nachzudenken.

Damit auch Sie Ihr Buch mit Fallbeispielen bereichern können, gibt es hier die wichtigsten Tipps für spannende und lebendige Fallbeispiele.

Wir nehmen uns wieder ein Kapitel in dem Buch von Corinna Neu vor, mit dem sie Frauen im Alter von 45+ noch mal zum beruflichen Neuanfang verhelfen will. Diesmal möchte sie ein Kapitel schreiben, in dem es darum geht, dass Frauen ihre Einzigartigkeit finden. Das hat viel mit der Erfüllung im Beruf zu tun. Aus der Einzigartigkeit ergibt sich dann auch die Positionierung für den Außenauftritt. Wie möchte man wahrgenommen werden, mit welchem Thema?

Sie hat schon ein paar Übungen vorangestellt und möchte nun die Geschichte von Claudia erzählen. Claudia ist ihr Leben lang schon auf der Suche nach dem Besonderen. Sie hat viele Talente und kann sich nicht so richtig entscheiden. Wir schauen uns das jetzt mal näher an.

Dafür zeige ich Ihnen zwei Möglichkeiten, ein Fallbeispiel zu konstruieren, von denen eine die bessere Variante für einen Ratgeber ist, der Laien ansprechen soll.

Entscheiden Sie selbst, was Sie mehr anspricht, bevor Sie die Lösung anschauen, die dann weiter unten steht.

1. Möglichkeit, ein Fallbeispiel zu schreiben

Claudia, 48 Jahre alt, ist unglücklich in ihrem derzeitigen Job. Sie entschließt sich, mit mir gemeinsam nach ihrer Berufung zu schauen.

In der Übung zum Thema Einzigartigkeit fällt ihr ein, dass sie irgendetwas machen möchte, wo sie mit Menschen und Büchern zu tun hat. »Aber eigentlich backe ich auch gerne Kuchen«, sagt sie.

Schließlich entwickeln wir für sie die Idee, dass sie ein Buch-Café eröffnet und in ihrem Café vor allem neuen Autoren die Möglichkeit gibt, aus ihren Büchern zu lesen. Da sie ein bisschen Geld geerbt und auch etwas angespart hat, hat sie auch genügend Kapital, um mit dem Café durchzustarten. Auch ihr Lebensgefährte unterstützt sie dabei.

Drei Jahre später ist ihr Café immer noch schnell bis auf den letzten Platz ausgebucht. Sie ist froh, den Schritt damals gewagt zu haben und mehr aus ihrer Berufung gemacht zu haben.

2. Möglichkeit, ein Fallbeispiel zu schreiben

Claudia kam zu mir in die Beratungspraxis, weil sie unglücklich in ihrem Job war. »Bei uns wird jeden Tag die Angst geschürt, dass am Ende des Jahres einer oder eine von uns gehen muss. Seitdem sehen meine Kollegen und ich uns nur noch als Konkurrenten. Da wird ständig rumkritisiert. Man wartet nur darauf, dass der andere Kollege oder die Kollegin einen Fehler machen. Das baut Druck auf. Ich habe schon seit Monaten Schlafstörungen«, erzählte sie.

Im weiteren Gespräch mit Claudia wird klar, dass sie sich einen Neuanfang wünscht. Sie hat jedoch keinen blassen Schimmer, wie dieser Neuanfang aussehen könnte.

Ich mache mit ihr die Übung »Mein Traumleben«. Bei dieser Übung begleite ich die Klienten in einer Fantasiereise in ihr Herzzentrum. Sie sollen sich vorstellen, dass es dort einen Ort gibt, wo ihr Traumleben verborgen liegt, das sie nur noch wie einen Schatz heben müssen.

Als ich mit ihr die Übung mache, fängt sie plötzlich an zu

weinen. Später erzählt sie mir, wie glücklich sie immer war, wenn sie diese monatlichen Kaffeetrinken mit Freundinnen und Bekannten vor Ort veranstaltete. Jedes Mal probierte sie neue Kuchenrezepte aus und freute sich, wenn die Frauen sie später nach dem Rezept für den Kuchen fragten.

Oft gab es neben dem Kaffeetrinken noch einen ganz besonderen Programmpunkt, zu dem jemand von außerhalb eingeladen wurde.

Besonders stolz war sie darauf, als sie einmal eine noch junge Liebesromanautorin eingeladen hatte, die sie kennengelernt hatte, als die Werbeagentur, bei der sie arbeitete, für das neue Buch einen Video-Trailer und eine Internet-Seite entwickelte.

All das endete jäh, als sie wegziehen musste, weil ihr Partner einen Job in Süddeutschland bekam. Weil es für sie damals so traurig gewesen war, hatte sie das alles völlig verdrängt. Es war tief in ihrem Unterbewusstsein vergraben.

Durch die Übung kam es jetzt wieder ins Bewusstsein. »Ich habe eine Idee! Ich kann doch ein Buch-Café eröffnen. Da kann ich meine Leidenschaft fürs Kuchenbacken und für Bücher miteinander verbinden«, ruft sie begeistert.

Ich sehe, wie ihre Augen glänzen. Sie wirkt viel lebendiger als am Anfang, als sie zur Tür hereintrat.

In den folgenden Sitzungen erarbeiten wir gemeinsam einen Plan, wie sie ihren Traum verwirklichen kann. Da sie etwas angespart und sogar ein bisschen was geerbt hat, ist die Anfangsfinanzierung schon mal gesichert.

Seit der Eröffnung des Cafés sind nun schon zehn Monate vergangen. Mittlerweile waren schon viele bekannte Autoren zu einer »Kaffeelesung« in dem Café, das bis weit über die Stadt hinaus bekannt ist.

Storytelling oder warum lebendiges Erzählen sich lohnt
Beide Beispiele erzählen die gleiche Geschichte auf eine unterschiedliche Art und Weise. Im ersten Beispiel werden nur die reinen Fakten aufgezählt.

Im zweiten Beispiel erfährt man ein bisschen mehr, auch über die Gefühle der Klientin, als sie ihren lange vergessenen Traum wiederentdeckt. Man erfährt auch Details über ihren Job und warum sie dort unglücklich ist. Außerdem erzählt die Klientin etwas über sich selbst. Wörtliche Rede macht das Ganze noch mal um einiges lebendiger.

Nun zur Frage, die ich Ihnen eingangs gestellt hatte: Welches Beispiel gefällt Ihnen besser?

Vielleicht sind Sie mehr der trockene sachliche Typ und bevorzugen das erste Beispiel. Ein derartiger Schreibstil eignet sich z. B. auch gut für Fachbücher, die sich an Profis wenden. In einem wissenschaftlichen Buch würde man wahrscheinliche eher so schreiben, wie im ersten Beispiel.

Bei einem Ratgeber sollte man meiner Ansicht nach eher einen erzählerischen Stil verwenden, so wie in Beispiel zwei. Das spricht Laien meistens mehr an, als wenn man nur so sachlich trocken schreibt.

Tipps fürs Storytelling beim Fallbeispiel
- ✓ Sich auf eine klare Gliederung fokussieren: Einleitung – Problem/Herausforderung – Lösung.
- ✓ Einen spannenden Anfang finden, der Aufmerksamkeit erregt.
- ✓ Gefühle beschreiben, wenn es um das Problem des Klienten geht, aber auch, wenn er oder sie die Lösung gefunden hat und man seine Begeisterung spürt.
- ✓ Bildlich schreiben.
- ✓ Durch wörtliche Rede mehr Lebendigkeit erzeugen.

Was noch zu beachten ist
Bei Fallbeispielen sollte man grundsätzlich die schriftliche Erlaubnis desjenigen einholen, dessen Fall man beschreiben will.

Am besten den Namen ändern oder – wenn erlaubt – nur den Vornamen verwenden.

Evtl. die Beispiele ein bisschen »verfremden«, so dass die Person wirklich nicht erkannt werden kann, auch von ihren

Bekannten nicht. Einer meiner Kunden hat z. B. mal verschiedene Fälle miteinander verknüpft und daraus einen neuen Fall entstehen lassen. Auch das ist eine Möglichkeit. Sollten Sie gerade keine passenden Fallbeispiele zur Hand haben, dann können Sie auch Beispiele neu kreieren, die zum Thema passen, um ein Prinzip zu verdeutlichen. Allerdings sollten Sie dann so fair sein und schreiben, dass es fiktive Fallbeispiele sind. Wichtig ist, dass Sie eine Möglichkeit haben, das was Sie vermitteln wollen, auf eine lebendige Art und Weise zu vermitteln.

Übung: Ein Fallbeispiel kreieren
Nehmen Sie sich das Kapitel vor, an dem Sie gerade schreiben und kreieren Sie ein Fallbeispiel. Vielleicht haben Sie in Ihren Notizen zum Buch schon vermerkt, welches Fallbeispiel Sie verwenden wollen. Wenn nicht, dann denken Sie darüber nach, wer von Ihren Klienten infrage kommen könnte und kontaktieren Sie diesen.

Anschließend schreiben Sie sich jeweils ein Stichwort für die Einleitung, eines für die Herausforderung des Klienten und eines für die Lösung auf. Schreiben Sie dann noch jeweils ein Gefühl dazu. Wie war der erste Eindruck des Klienten, bevor er die Lösung für sein Problem hatte? (Einleitung). Was erzählte der Klient über sein Problem (Mittelteil mit der Herausforderung)? Wie veränderte er sich, bzw. veränderten sich seine Gefühle, als er die Lösung sah. (Schlussteil).

Anschließend schreiben Sie das Fallbeispiel auf.

Tipp: Wenn Sie das Fallbeispiel in das Kapitel einfügen, an dem Sie gerade schreiben, dann denken Sie daran, eine gute Überleitung vom vorhergehenden Text zum Fallbeispiel zu machen, so dass der Leser/die Leserin auch gut folgen kann.

Das könnte bei Corinna Neu z. B. so aussehen:
In meine Praxis kommen viele Frauen in der Mitte des Lebens, die nach einer neuen beruflichen Herausforderung suchen. Manch-

mal haben Sie eine vage Ahnung von dem, was sie gerne machen würden. Es ist immer wieder erstaunlich, was geschieht, wenn es nach ein paar Coaching-Stunden klick macht und sie plötzlich wissen, was sie wollen.
So war es auch bei Claudia.

Jetzt käme das Fallbeispiel. Durch die Überleitung nehmen Sie Ihre Leserin an die Hand und führen Sie ganz sanft durch die verschiedenen Themen Ihres Buches. Den Überleitungen widme ich zwar kein eigenes Kapitel, dennoch sind sie genauso wichtig wie die anderen »Zutaten« eines Kapitels.

Das Buch mit Interviews aufpeppen

Vielleicht haben Sie auch schon mal das eine oder andere Sachbuch gesehen, in welchem der Autor Experten zum Thema interviewt.
Manchmal kann es ganz sinnvoll sein, für einige Kapitel oder auch für jedes Kapitel am Schluss z. B. noch mal einen Experten zu Wort kommen zu lassen, der aus seiner Sicht über das Thema berichtet.
Das kann z. B. ein Teilgebiet Ihres Themas sein. Corinna Neu könnte sich z. B. überlegen, für manche Themen noch einen Experten oder eine Expertin zu interviewen, um das Thema zu vertiefen.
Hier ein Beispiel: Corinna Neu ist vielleicht Expertin für Berufung und Neuorientierung, nicht aber für Mobbing am Arbeitsplatz. Hier könnte es hilfreich sein, eine Mediatorin zu finden und zu interviewen.
Oder Corinna Neu entscheidet sich dafür, einen Experten für Businesspläne und Gespräche mit Banken für Selbstständige zu interviewen, weil es in einem Kapitel um den richtigen Businessplan und um das Gespräch mit der Bank für Selbstständige geht, ihr Fachgebiet aber eher das Coaching ist.
Interviews können ein Buch wirklich bereichern, wenn es zum Thema passt. Außerdem hat man dann noch einen kleinen Nebeneffekt: Oft wird der interviewte Experte auch Werbung für Ihr Buch machen, weil er ja darin vorkommt. Das kommt dann zusätzlich noch der Verbreitung Ihres Buches zugute.
Möchte man Menschen interviewen, so gibt es einmal die Möglichkeit, dies am Telefon oder via Skype zu machen. Oder man versendet vorgefertigte Fragen per E-Mail, die dann zusammen mit den Antworten zurückgeschickt werden.
Ich persönlich bevorzuge die zweite Variante, weil ich dann gleich alles schriftlich vorliegen habe. Auch bei der ersten Variante sollte man sich aber vorher genau vorbereiten.

Kennen Sie Ihren Interviewpartner genau? Ansonsten recherchieren Sie im Internet oder fragen Sie Ihn persönlich. Welches Schwerpunktthema ist Ihnen wichtig? Auf welche Erfahrungen oder Veröffentlichungen des Interviewpartners möchten Sie Bezug nehmen?

Es gibt verschiedene Fragetechniken, die in dem folgenden Buch detailliert behandelt werden: *Interviews in der Recherche. Redaktionelle Gespräche zur Informationsbeschaffung* von Andreas Baumgart, VS Verlag für Sozialwissenschaften, Wiesbaden 2004.

Für einen Online-Workshop, zum Thema »Presseartikel schreiben« habe ich vor einiger Zeit die wichtigsten Fragearten zusammengestellt. Schauen Sie einfach, welche der Frageformen für ein Interview in Ihrem Buch infrage kommt.

Offene Fragen
Der Befragte bekommt die Gelegenheit, in eigenen Worten über das Thema zu sprechen.
Beispiel: Wann haben Sie gemerkt, dass Sie Kontakt mit Ihrem Schutzengel aufnehmen können?
Beispiel: Wann haben Sie sich dafür entschieden, Ihr Unternehmen an die jüngere Generation weiterzugeben?

Geschlossene Fragen
Diese Fragen haben meistens »ja« oder »nein« als Antwort.
Beispiel: Praktizieren Sie Qigong schon lange?
Beispiel: Glauben Sie an Schutzengel?

Emotionale Fragen
Diese Frage zeigt dem Interviewpartner, dass man sich auch für seine Gefühle interessiert.
Beispiel: Freuen Sie sich, dass Sie jetzt mehr Zeit für sich selbst haben werden, nachdem Sie einen Nachfolger für die Leitung Ihres Pflegedienstes gefunden haben?
Beispiel: Wie haben Sie es empfunden, als Sie das erste Mal alleine zuhause Qigong praktiziert haben?

Hypothetische Frage
Diese Frage ist nur sinnvoll, wenn man als Interviewer selbst eine Hypothese hat und wissen möchte, ob der andere auch so denkt.
Beispiel: Könnte es sein, dass das Thema »Der Kontakt zu meinem Schutzengel« in Zukunft fester Bestandteil des Lehrplans an öffentlichen Schulen wird?
Beispiel: Könnte es sein, dass die Steuergesetze bei einer neuen Bundesregierung wesentlich einfacher werden würden, als sie es jetzt sind?

Motivationsfrage
Diese Frage enthält immer ein Kompliment und motiviert, die eigene Einschätzung mitzuteilen.
Beispiel: Würde jemand mit Ihrem Fachwissen sagen, dass Menschen ab der Lebensmitte sehr viel weniger krank werden würden, wenn Sie Qigong praktizieren würden?

Wunderfrage oder Verschlimmerungsfrage
Beide Fragen eignen sich z. B., wenn der Interviewte den Überblick verloren hat, um wieder einen Anknüpfungspunkt für das weitere Gespräch zu finden.
Beispiel (Wunderfrage): Stellen Sie sich vor, es würde ein Wunder geschehen und jemand würde bei Ihrem Gesundheitszentrum als Investor einsteigen und Ihnen in den ersten Jahren finanziell unter die Arme greifen. Was würden Sie dann tun?
Beispiel (Verschlimmerungsfrage): Wenn alle Stricke reißen und der Investor im letzten Moment abspringen würde, was würden Sie dann tun?

Es gibt noch mehr Frageformen, aber das waren meiner Ansicht nach die Wichtigsten. Wer mehr darüber erfahren will, kann sein Wissen mit dem Buch *Interviews in der Recherche. Redaktionelle Gespräche zur Informationsbeschaffung, von Andreas Baumert,* Wiesbaden 2004, S. 65 ff., vertiefen. Dort finden Sie ein Kapitel, das sich nur den journalistischen Fragetechniken widmet.

Ich persönlich verwende auch noch die **intuitive Methode**, d. h., ich lasse mich beim Fragen auch von meiner Intuition führen und denke nicht lange darüber nach, welche Frage-Art ich nun verwenden will. Aber es ist gut, ein bisschen Hintergrundwissen zu haben, deshalb habe ich das hier mal aufgeführt.

Übung: Ein Interview vorbereiten
Vielleicht haben Sie ja für das eine oder andere Kapitel eine Idee, wen Sie gerne interviewen möchten. Vielleicht möchten Sie ja sogar jedes Kapitel Ihres Buches mit einem Interview abschließen. Auch das ist mir schon in manchen Büchern begegnet.

Bevor Sie die Fragen für das Interview vorbereiten, sollten Sie diese Person kontaktieren, vielleicht am besten per E-Mail. Erzählen Sie kurz etwas über Ihr Buchprojekt und warum Sie diese Person gerne als Interviewpartner hätten. Sollten Sie eine positive Antwort bekommen, können Sie das Interview vorbereiten. Machen Sie sich eine Struktur für den Ablauf des Interviews.

Welche Fragen möchten Sie wann stellen? Probieren Sie die oben angegebenen Fragetechniken aus. Schauen Sie, welche Frage-Art am besten zu welcher Frage passt.

Corinna Neu, unsere Coaching-Frau aus den vorangegangen Kapiteln, würde für ihr Buch vielleicht eine Frau interviewen, die sich mit über 50 erfolgreich selbstständig gemacht hat. Oder eine Frau, die plötzlich arbeitslos wurde und aus der Arbeitslosigkeit neu durchgestartet ist.

Dafür würde sie die Frageformen wählen, die am besten passen. Im zweiten Fall wäre eine Möglichkeit z. B.: Wie ging es Ihnen, als Sie arbeitslos wurden? Hatten Sie das Gefühl, jetzt geht gar nichts mehr? Oder war da gleich eine Idee da, was Sie machen könnten?

Auch die Wunderfrage wäre hier eine gute Idee: »Stellen Sie sich vor, es geschieht ein Wunder. Jemand klingelt an Ihrer Tür und sagt: »Ich helfe Ihnen einen Job zu finden, der Sie erfüllt.« Welcher Job wäre das?

Hier zeigt sich, wie kreativ man mit den Interview-Fragen umgehen kann. Probieren Sie es einfach aus! Experimentieren Sie!

Neben Beispielgeschichten und einem kurzen Interview sind es auch die praktischen Übungen, die einen Ratgeber aufwerten. Welche Möglichkeiten es gibt, eine solche Übung zu entwickeln, darum geht es im nächsten Abschnitt.

Spannende Übungen zum Ausprobieren kreieren

Ratgeber-Bücher sind gegenüber Sachbüchern meistens eher praxisorientiert Bei einem Ratgeber ist es daher hilfreich, Übungen anzubieten, die der Leser oder die Leserin gleich ausprobieren kann.
Geben Sie regelmäßig Seminare oder Einzel-Coachings? Dann haben Sie vielleicht schon Übungen entwickelt, die Sie auch für Ihr Buch verwenden können.
Sollte das noch nicht der Fall sein, dann kann Ihnen vielleicht der Leitfaden zum Entwickeln von guten Übungen hier weiterhelfen.

Finden Sie heraus, was zu Ihnen und Ihren Kunden passt
Nicht jede Art von Übung passt zu jedem Thema! Deshalb ist es wichtig, dass Sie Ihr Thema und Ihre zukünftigen Leser gut kennen. Nicht jeder ist für alles offen. Nehmen wir mal an, Sie schreiben an einem Buch für Führungskräfte in Banken. Dann ist eine Fantasiereise eher nicht geeignet. Wenn Sie dagegen einen Ratgeber für Künstler schreiben, die sich selbstständig machen wollen, dann kann eine Fantasiereise durchaus angebracht und zielführend sein. Sicher möchten Sie auch Übungen auswählen, bei deren Entwicklung Sie sich sicher fühlen. Nicht jeder kann und will z. B. einen Psychotest entwickeln.

Der richtige Platz für Ihre Übung
Ich persönlich finde es gut, wenn Übungen am Ende des Kapitels platziert werden. So kann der Leser im Kapitel erst einmal das Thema kennenlernen. Am Ende hat er dann die Gelegenheit, das Gelesene gleich in einer Übung auszuprobieren. Natürlich kommt es auch darauf an, wie lang Ihre Kapitel im Allgemeinen sind. Sind sie sehr lang, dann empfiehlt

es sich vielleicht auch zwischendurch schon eine Übung zu zeigen.

Welche Arten von Übungen gibt es?
Hier eine Übersicht zur Anregung. Sicher gibt es noch mehr Übungen, doch mit diesen Ideen kann man schon ganz viel machen.
- ✓ Checkliste
- ✓ Psychotest
- ✓ Fantasiereise oder Meditationsübung
- ✓ Collage
- ✓ Schreibübung
- ✓ Malübung
- ✓ Sprechübung (z. B. wenn es um Vorträge geht)
- ✓ Praktische Übung zum Thema
- ✓ Eine Übung, die das Verhalten im Alltag betrifft, z. B. im Umgang mit Kunden

Diese Liste ist sicher nicht vollständig. Sie zeigt aber einige spannende Möglichkeiten.

Auf jede Form der Übung einzeln einzugehen, würde den Rahmen des Buches sprengen. Die folgenden drei Beispiele könnte Corinna Neu für Ihren Ratgeber auswählen:

Die Checkliste
Eine Checkliste kann z. B. dazu dienen, sich darüber klar zu werden, was man braucht, um ein bestimmtes Ziel zu erreichen.

Nehmen wir mal an, Corinna Neu möchte in ihrem Buch darüber schreiben, was jemand benötigt, der sich selbstständig machen möchte.

Bestandteil dieser Checkliste könnten z. B. folgende Fragen sein:
- ✓ Weiß ich wirklich, was ich will?
- ✓ Kann ich mein Angebot klar formulieren, so dass das Besondere sichtbar wird?
- ✓ Wie will ich mich bekannt machen?

- ✓ Wie sieht es mit Eigenkapital aus?
- ✓ Habe ich alles, was ich brauche, um einen Businessplan zu erstellen? (Hier könnte z. B. auch stehen, welche Bestandteile ein Businessplan haben sollte. Die Leserin kann das dann einfach abhaken).
- ✓ Unterstützt mich meine Familie, wenn ich den Schritt in die Selbstständigkeit gehe?
- ✓ Was ist noch offen? Was brauche ich noch?
- ✓ Usw.

Collage mal anders
Jeder kennt sie: Die Collagen, die oft in Workshops gemacht werden. Natürlich kann man eine solche Collage zu einem bestimmten Thema auch für sich selbst zu Hause machen.

Nehmen wir wieder Corinna Neu. Sie hat ein Kapitel in ihrem Buch geschrieben, das lautet »Finde deine Einzigartigkeit«.

Jetzt fordert sie ihre Leserinnen am Ende des Kapitels dazu auf, eine Collage zu machen, die ihre Einzigartigkeit ausdrückt, um sich diese irgendwo hinzuhängen. Dann könnte das so aussehen:

Übung: Machen Sie eine Collage
Reflektieren Sie für ein paar Minuten innerlich über das, was Sie besonders macht. Nehmen Sie sich dann ältere Zeitschriften vor, die Sie nicht mehr brauchen. Schneiden Sie spontan maximal sieben Bilder aus, die Facetten Ihrer Einzigartigkeit zeigen.

Kleben Sie diese Bilder jetzt auf ein Blatt Papier, das eine Größe von mindestens DIN A 3 haben sollte.

Lassen Sie Raum zwischen den Bildern. Machen Sie es jetzt einmal anders, als Sie es vielleicht schon kennen. Normalerweise wäre die Collage fertig, sobald Sie alle Bilder aufgeklebt haben, die Sie verwenden wollten. Nehmen Sie sich jetzt einen Filzstift und schreiben Sie zu jedem Bild ein Stichwort oder einen kurzen Satz. Überlegen Sie hier nicht lange, sondern schreiben Sie, was Ihnen gerade spontan einfällt, wenn Sie das Bild betrachten und dabei an Ihre Einzigartigkeit denken.

Eine Fantasiereise entwickeln
Bei manchen Themengebieten eignet sich auch eine Fantasiereise als Übung. Das kann z. B. der Fall sein, wenn Sie Menschen helfen wollen, ihre Ziele zu visualisieren.

Eine Fantasiereise sollte folgendes beinhalten:
- ✓ Die Aufforderung sich für eine gewisse Zeit zu entspannen.
- ✓ Die Aufforderung, Störquellen auszuschalten.
- ✓ Eine bildreiche Sprache, die die Vorstellungskraft anregt.
- ✓ Einen Anfang und ein Ziel.
- ✓ Ein klares Ende, um wieder in den Alltag zurückzukommen.

Bei Corinna Neu könnte das z. B. eine Fantasiereise in die Zukunft sein, wo der »Traumjob« schon da ist.

Das könnte z. B. so aussehen:
Fantasiereise: Den Traumjob in die Gegenwart holen

Schalten Sie für ca. 30 Minuten alle Störquellen wie Telefon, PC oder Klingel aus.

Setzen Sie sich entspannt hin und atmen Sie ein paar Mal tief ein und aus. Mit dem Ausatmen lassen Sie die Dinge los, die Sie belasten. Mit dem Einatmen atmen Sie tiefer und tiefer in Ihr Herz hinein.

Stellen Sie sich vor, Sie reisen zu Ihrem Traumjob. Ein Auto mit Chauffeur wartet bereits auf Sie und bringt Sie dorthin.

Sie fahren eine große Allee mit wunderschönen alten Bäumen entlang. Rechts und links sehen Sie liebevoll angelegte Gärten mit bunten Blumen.

Dann sind Sie am Ziel. Der Fahrer hält vor einem Gebäude, das sehr einladend aussieht. Sie steigen aus, öffnen die Tür und gehen hinein.

In dem Gebäude werden Sie schon erwartet. Jemand begrüßt Sie herzlich und führt Sie zu Ihrem neuen Arbeitsplatz.

Nehmen Sie sich Zeit, sich umzuschauen. Sehen Sie, fühlen Sie, riechen Sie, wie es dort ist und erleben Sie, was Sie dort machen.

Nach ein paar Minuten bedanken Sie sich bei der Person, die Ihnen alles gezeigt hat. Kommen Sie wieder ins Hier und Jetzt zurück.

Die Person, die Sie dort treffen, kann eine Person sein, die Sie noch nicht kennen, es kann aber auch Ihr Geistführer sein oder ein Schutzengel. Das, was innerlich kommt, ist okay.

Schreiben Sie auf, was Sie erlebt haben. Sprechen Sie beim Schreiben alle Sinne an: Was haben Sie gesehen, gehört, gerochen, geschmeckt?

Die Formulierungen in den Beispielübungen sind nur Anregungen, um zu zeigen, wie man es machen könnte. Natürlich sind Ihrer Fantasie bei der Formulierung einer Übung keine Grenzen gesetzt. Allerdings ist es gut, wenn Sie die Übung schon mal selbst ausprobiert haben. Die Übung sollte den Leser/die Leserin voranbringen und natürlich zum Gesamtkontext passen.

Wo wir gerade beim Thema »Übungen kreieren« sind, folgt natürlich auch wieder für Sie eine Übung am Ende des Kapitels.

Übung: Eine Übung kreieren
Suchen Sie ein Kapitel Ihres Buches aus, für das Sie eine Übung kreieren möchten. Verwenden Sie entweder die Liste mit den Übungs-Ideen aus diesem Kapitel oder überlegen Sie sich etwas ganz Neues, wenn es besser zu Ihrem Thema passt. Kreieren Sie dann Ihre Übung und notieren Sie diese.

Hier noch ein paar Tipps zum Gelingen:
    ✓ Schreiben Sie so, dass jeder den Ablauf verstehen kann.
    ✓ In der Einleitung schreiben Sie, was man braucht, um die Übung zu machen und warum diese gerade passt.

- ✓ Beschreiben Sie die Abfolge der Übung mit den einzelnen Schritten.
- ✓ Bei Fantasiereisen empfiehlt es sich, möglichst kurze Sätze zu verwenden und eine bildhafte Sprache.
- ✓ Testen Sie die Übung selbst oder mit Freunden und Bekannten.

Die weise Wahl der Worte

Sicher haben Sie auch schon mal bemerkt, dass Worte eine unterschiedliche Energie haben. Sie können das ganz einfach im Selbstversuch testen: Schließen Sie die Augen und sagen Sie das Wort »Krieg«. Was spüren Sie körperlich? Sagen Sie jetzt das Wort »Frieden«. Wie ist Ihr Körperempfinden, wenn Sie dieses Wort laut aussprechen? Spüren Sie da einen Unterschied?

Worte sind Schwingungen
Einer, der auf diesem Gebiet viel geforscht hat, ist der Japaner Dr. Masuro Emoto. Er füllte Wasser in Flaschen, auf die er verschiedene Worte schrieb. Dann ließ er das Wasser gefrieren und untersuchte die Wasserkristalle unter dem Mikroskop. So konnte er feststellen, dass die Struktur des Wassers sich durch die Worte beeinflussen lässt. Worte, die wir mit negativen Dingen assoziieren, wie z. B. Krieg, erzeugten eine chaotische Struktur. Durch positive Worte formten sich die Kristalle in einer geordneten Struktur.

Im Internet finden Sie Beispielbilder, dann können Sie sich Ihr eigenes Urteil bilden. Weitere Infos finden Sie auch auf den Seiten von Wikipedia: http://de.wikipedia.org/wiki/Masaru_Emoto

Es ist also offensichtlich nicht egal, welche Worte wir verwenden, denn wenn Sie eine solche Wirkung auf Wasserkristalle haben, dann wirkt ihre Energie auch auf den Leser.

Für das Schreiben eines Buches ist es deshalb wichtig, zu schauen, welche Worte wirklich zum Thema, zu Ihnen und Ihrer Dienstleistung, Ihrem Unternehmen und Ihrer Zielgruppe passen.

Gerade, wenn Sie im ganzheitlich-spirituellen Bereich arbeiten und einen Ratgeber schreiben, ist Ihnen das mit der weisen Wahl der Worte wahrscheinlich nicht neu.

Die Worte sollten zum Thema passen
Hier mal ein Beispiel aus meinem eigenen Leben zu diesem Thema, um noch mal zu verdeutlichen, was ich meine:

Vor ein paar Jahren bekam ich die Aufgabe einen Text für einen Verein zu korrigieren. Es ging um ein spirituelles Seminar, bei dem am Ende alle auf die Straße gingen und Luftballons steigen ließen. Der Autor hatte den Satz mit den Luftballons ungefähr folgendermaßen formuliert:

Sie gingen mit Luftballons bewaffnet auf die Straße und ließen sie in den Himmel steigen.

Erkennen Sie sofort, welches Wort hier nicht so recht zum Kontext passt? Genau, es ist das Wort »bewaffnet«. Man braucht nur kurz die Augen zu schließen und das Wort »bewaffnet« auszusprechen und schon hat man vermutlich die ersten Bilder im Kopf. Probieren Sie es einfach aus!

Ich schrieb den Satz dann folgendermaßen um: *Sie gingen mit Luftballons auf die Straße und ließen sie in den Himmel steigen.*

Das ist eine ganz neutrale Formulierung, passt aber, wie ich finde, besser zu diesem ganzheitlichen, spirituellen Umfeld.

Im Marketing war es schon immer wichtig, die passenden Worte zu finden und zu verwenden. Dafür sollte man genau wissen, wie die eigene Firma ausgerichtet ist. Sind Sie mehr konservativ oder ganzheitlich spirituell? Oder haben Sie ein modernes Online-Unternehmen, wo alles eher locker zugeht und die Kunden sogar mit »du« angesprochen werden? Ganz gleich, was für ein Unternehmen Sie haben, Sie werden Worte verwenden wollen, die passen.

Übung: Finden Sie Ihre wichtigsten Worte heraus
Wenn Sie sich mit diesem Thema noch nicht beschäftigt haben, dann helfen Ihnen vielleicht diese Fragen weiter, um herauszufinden, welche Worte zu Ihnen passen:
- ✓ Wie bin ich mit meiner Dienstleistung/meinem Unternehmen ausgerichtet?

- ✓ Welche Worte verwende ich besonders gerne, wenn ich anderen etwas über mein Angebot erzähle? Schreiben Sie fünf Worte auf, die Ihrer Meinung nach besonders zu Ihnen passen.
- ✓ Wer gehört zu Ihren Lieblingskunden und somit auch zu Ihren Lieblingslesern?
- ✓ Was sagen andere über Sie? Welche Worte leuchten bei anderen auf, wenn diese etwas über Sie und Ihre Angebote erzählen?

Hier noch ein paar Beispiel von mir. Seit Anfang 2003 berate ich Heilpraktiker, Coaches und Therapeuten beim Texten von Flyern. Dabei ist es mir immer wichtig, dass wir gemeinsam die Einzigartigkeit des Angebots formuliert haben.

Ich verwende sehr gerne das Wort Einzigartigkeit. Dieses Wort passt zu mir und zu meinem Kundenkreis. Andere würden vielleicht eher Worte verwenden, wie Alleinstellungsmerkmal, Authentizität oder USP (Unique Selling Proposition).

Genauso ist es beim Thema »Schreiben«. Ich verwende sehr gerne die Worte »persönliche Schreibstimme« »intuitives Schreiben«, »Schreiben aus der Weisheit des Herzens«. Für mich drücken diese Worte am besten aus, wie ich andere Menschen berate. Da mein Denkansatz lautet: Alles, was du brauchst, liegt in dir!«, führe ich potenzielle Autoren erst einmal mit Fantasiereisen nach innen, so dass sie ihre persönliche Schreibstimme entwickeln können, bevor ich Ihnen das Know-how weitergebe, was man als Autor braucht.

Wenn Ihnen vor dem Schreiben des Buches schon bewusst ist, welche Worte zu Ihnen passen, dann ist das natürlich super. Dann können Sie schon bei der ersten Version des Textes darauf achten, dass Sie diese Worte verwenden, wenn es passt. Das heißt natürlich nicht, dass Sie nicht auch andere Worte verwenden dürfen. Aber Ihre wichtigsten Worte sollten auf jeden Fall im Text vorkommen.

Positiv oder negativ – das ist hier die Frage

Am Anfang des Kapitels klingt es schon an: Es gibt Worte, die haben eher eine positive Energie. Andere Worte haben eine negative Energie. Auch hier sollten Sie schauen, was Sie mit Ihrem Buch erreichen wollen. Möchten Sie eher Mut machen oder eher abschrecken? Wenn Sie ein kritisches Buch über irgendein Thema schreiben wollen, dann möchten Sie vielleicht sogar das eine oder andere »negative« Wort verwenden oder müssen es sogar.

Viele Ratgeber-Autoren möchten aber wohl eher Mut machen mit Ihren Büchern. Dabei helfen positive Worte.

Nehmen wir als Beispiel wieder Corinna Neu mit ihrem Berufungs-Ratgeber. Sie könnte natürlich den Frauen im Alter von 45+ erzählen: »In Ihrem Alter können Sie nichts mehr reißen. Sie müssen aufpassen, dass man Sie nicht schon zum alten Eisen zählt.« Doch was würde das bringen? Wahrscheinlich würde sie eher schreiben:

»Auch mit 45+ können Sie noch mal so richtig durchstarten, wenn das Ihr Traum ist. Jetzt können Sie endlich das leben, was Sie besonders macht, denn Ihre Berufs- und Lebenserfahrung helfen Ihnen dabei.«

Schauen Sie selbst, was die beiden Beispiele mit Ihnen machen. Beobachten Sie Ihren Körper dabei, während Sie die Sätze lesen.

Im zweiten Beispiel sind Worte enthalten wie »Traum«, »Lebenserfahrung«, »durchstarten«. Ich persönlich spüre, dass mein Herz sich öffnet und weit wird, wenn ich die Worte im zweiten Beispiel lese. Beim ersten Beispiel dagegen habe ich ein Gefühl der Enge.

Übung: Ihre ganz persönliche Liste der Lieblingsworte
Nehmen Sie sich einen Moment Zeit und konzentrieren Sie sich auf das, was Sie an Ihren Angeboten und Ihrem Buch-Thema lieben. Schreiben Sie dann Ihre persönlichen Lieblingsworte auf, mit denen Sie das, was Sie erzählen möchten,

am besten erzählen können. Drucken Sie sich die Liste aus. Hängen Sie diese so auf, dass Sie sie beim Schreiben im Blick haben.

Spätestens beim Überarbeiten Ihres Textes sollten Sie auch darauf achten, ob die Worte, die Sie beim Schreiben gewählt haben, auch wirklich zu Ihnen, Ihrem Thema und Ihren Lieblingslesern passen.

Das Buch durch Zitate beleben

Super ist es auch, Texte durch Zitate zu beleben. Sicher haben Sie auch schon Bücher gesehen, die am Anfang jedes Kapitels mit Zitaten großer Persönlichkeiten arbeiten. Bitte beachten Sie bei Zitaten das Urheberrecht! Solange Sie Seneca oder Goethe zitieren und Ihre Zitate aus einem Zitatenschatz haben, sind diese Allgemeingut. Da Sie nur wenige Zeilen zitieren und der Autor auch länger als 70 Jahre tot ist, dürfte es da wohl keine Probleme geben. Diese Zitate kennzeichnen Sie durch Anführungszeichen und schreiben unter das Zitat den Namen der Person, die Sie zitiert haben.

Beispiel:
»Liebst du das Leben,
dann verschleudere keine Zeit.«
– Euripides

Aus Büchern zitieren
Wenn Sie aus Büchern zitieren, dann kennzeichnen Sie das Zitat ebenfalls durch Anführungszeichen. Evtl. können Sie sich auch überlegen, ob Sie das gesamte Zitat kursiv schreiben. Außerdem ist es wichtig, dass Sie die genaue Quelle angeben. Dafür gibt es mehrere Möglichkeiten. Entweder Sie leiten das Zitat ein, indem Sie z. B. schreiben: Max Mustermann schreibt in seinem Buch *Homöopathie für Hundewelpen* auf Seite 32 folgendes:»Homöopathie ist eine sanfte Heilkunde mit großartiger Wirkung, auch bei Hundewelpen.« Das Buch ist 2014 im XYZ-Verlag erschienen. Den Buchtitel schreibt man normalerweise kursiv oder in Anführungszeichen.

Eine andere Möglichkeit ist die Fußnote. Sie geben jedem Zitat in Ihrem Buch eine hochgestellt Ziffer. Diese Ziffer muss dann auch bei der vollständigen Quellenangabe in der Fußnote erscheinen. Manche Autoren erwähnen auch alle Quellen im Anhang des Buches für jedes Kapitel extra.

Zitieren dürfen Sie kleinere Textpassagen. Sobald es sich um ein längeres Zitat, einen Song oder ein Gedicht handelt, müssen Sie die schriftliche Erlaubnis beim Verlag oder beim Autor einholen. Im Zweifelsfall können Sie natürlich auch einen Anwalt für Urheberrechtsfragen konsultieren.
Noch ein Wort zu Titeln, bzw. Überschriften von Kapiteln. In meinen Schreibkursen erlebe ich es manchmal, dass die Teilnehmer mir stolz einen Titel präsentieren, der schon existiert, z. B. als Liedtext oder als Seminartitel oder Buchtitel. Das sollten Sie aus urheberrechtlichen Gründen besser lassen. Kreieren Sie lieber etwas Eigenes. Schließlich möchten Sie ja auch nicht, dass jemand Ihre Texte einfach verwendet und als seine eigenen präsentiert.

Übung: Mein Zitatenschatz
Wenn Sie vorhaben, Ihr Buch mit Zitaten großer Denker und Autoren zu verschönern, dann sollten Sie sich jetzt auf die Suche in Zitatendatenbanken im Internet machen. Oder vielleicht haben Sie auch einen Zitatenschatz im Regal stehen, den Sie verwenden möchten.
Außerdem wäre es gut, jetzt die Bücher zu überprüfen, aus denen Sie zitieren wollen. Schauen Sie, ob Sie die Texte markiert haben, so dass Sie diese beim Schreiben der einzelnen Kapitel mit Leichtigkeit wiederfinden. Überprüfen Sie auch, ob Sie noch schriftliche Genehmigungen brauchen, weil Sie längere Textpassagen zitiert haben.

Das Vorwort: Der Türöffner für den Leser

Stellen Sie sich vor, jemand hat Ihr Buch gekauft und beginnt, darin zu lesen. Er schlägt die ersten Seiten Ihres Buches auf und fühlt sich sofort an die Hand genommen, gut aufgehoben und verstanden. »Ja, ja, ja«, sagt er zu dem, was Sie im Vorwort geschrieben haben. Hier ist jemand, der weiß, wie es mir geht, der weiß, wie ich mich fühle, der hat das auch alles erlebt, was ich erlebt habe und der wird mir in dem Buch etwas erzählen, was mir weiterhilft.

Gerade, wenn Sie einen Selbsthilfe-Ratgeber schreiben, dann sollte das Vorwort so aufgebaut sein, dass der Leser sich verstanden fühlt. Aber auch bei einem Sachbuch sollte es gelingen, mit dem Vorwort den Leser zu packen und zum Weiterlesen zu bewegen.

Das Vorwort ist der Einstieg in Ihr Buch. Oft ist es das, was der Leser im Buchladen oder in der Leseprobe im Internet zuerst liest. Aber spätestens, wenn jemand das Buch gekauft hat, dann schlägt er es zu Hause auf und sieht das Vorwort. Es ist wichtig, diese Eintrittspforte in das Buch spannend und lebendig zu machen.

Doch bevor wir dazu kommen, eine kleine Anmerkung. Vielleicht haben Sie sich schon gewundert, warum ich erst so relativ spät in diesem Buch das Thema »Vorwort« behandle. Schließlich steht ein Vorwort doch immer ganz am Anfang des Buches.

Ja, das stimmt. Aber ich habe die Erfahrung gemacht, dass sich ein Vorwort leichter schreiben lässt, wenn das Buch schon fast fertiggeschrieben ist. Man kann dann besser auf den Inhalt Bezug nehmen. Außerdem kommen manchmal beim Schreiben Ideen fürs Vorwort. Ergo: Man ist halt einfach viel mehr vertraut mit seinem Buch, wenn man die erste Version fast oder sogar ganz fertig hat.

Schreibt man das Vorwort gleich am Anfang, so kann es passieren, dass man zu allgemein bleibt und noch gar nicht richtig Bezug auf das Buch nehmen kann.

Da dieses Buch ja ein Leitfaden sein soll, mit dem Sie Ihren Ratgeber schreiben, habe ich das Thema Vorwort oder Einleitung an diese Stelle gesetzt. So führe ich niemanden in Versuchung, das Vorwort gleich als Erstes zu schreiben. Hier einige Tipps für ein gelungenes Vorwort.

Diese Zutaten machen Ihr Vorwort spannend
- ✓ Sprechen Sie die Leser direkt an!
- ✓ Bleiben Sie authentisch!
- ✓ Stellen Sie sich evtl. kurz vor, indem Sie erzählen, warum Sie über das Thema schreiben!
- ✓ Sie können auch darüber schreiben, welche Ereignisse im Leben Sie dazu bewegt haben, sich näher mit dem Thema zu befassen und sogar ein Buch darüber zu schreiben.
- ✓ Manchmal empfiehlt es sich, eine kurze Geschichte aus dem eigenen Leben zu erzählen, die einen Bezug zum Thema des Buches hat.
- ✓ Erwähnen Sie die wichtigsten Highlights des Buches!
- ✓ Sprechen Sie die Leser zwischendurch immer mal wieder direkt an.
- ✓ Enden Sie mit einer Aufforderung oder wünschen Sie dem Leser gute Erkenntnisse beim Lesen des Buches.

Ein spannender Einstieg
Nehmen wir wieder Corinna Neu mit Ihrem Ratgeber für Frauen, die mit 45+ noch mal beruflich durchstarten wollen.
Welchen spannenden Einstieg könnte sie schreiben?
Eine gute Möglichkeit ist die direkte Anrede. Gleich am Anfang wird der Leser dort abgeholt, wo er steht.
Hier mal ein Einstieg, der ein bisschen frech und locker daherkommt:
Lassen Sie mich raten: Sie sind über 45 und nicht gerade glücklich in Ihrem derzeitigen Beruf. Wie ich das weiß? Ich denke, die Antwort ist einfach, denn sonst hätten Sie dieses Buch wahrscheinlich nicht gekauft.

Ein etwas sanfterer Einstieg könnte sein:
Vielleicht gehören Sie zu denjenigen, die ihren derzeitigen Job satt haben. Wie gerne würden Sie noch mal etwas Neues machen, doch Sie denken, mit über 45 sind Sie zu alt?
Keine Sorge. Es gibt viele Möglichkeiten, vielleicht kennen Sie diese noch nicht, aber Sie werden sie kennenlernen, wenn Sie dieses Buch lesen.

Oder wie wäre es mit diesem Einstieg:
Vielleicht sind Sie gerade 45 geworden, vielleicht sogar 50, 52 oder älter. Gerade in diesem Alter wird es einem oft bewusst, dass das Leben endlich ist. Vielleicht kommen sogar längst vergessene Träume wieder ins Bewusstsein. Ach, wie gerne würde ich doch dieses oder jenes noch machen, denken Sie jetzt immer öfter.

Leider suggeriert einem die Gesellschaft oft, dass man zu alt sei, um noch mal etwas Neues zu machen, seinen Traum zu leben.
Doch ist das wirklich so?
Dieses Buch geht einen anderen Weg. Nach dem Motto »Wenn nicht jetzt, wann dann!« eröffnet es Ihnen Möglichkeiten und zeigt Wege auf, wie Sie auch mit 45+ noch beruflich neu durchstarten und dabei glücklich werden können.

An diesen Beispielen sehen Sie, wie unterschiedlich die Einleitung des Vorwortes sein kann. Hier ist es wichtig, dass Sie beim Schreiben Ihre Lieblingsleser vor Augen haben und genau wissen, wie Sie diese Menschen am besten ansprechen.

Die eigene Geschichte

Nach der Einleitung passt die eigene Geschichte gut. Was hat Sie dazu bewogen, Ihr Buch zu schreiben? Wenn Sie Ihre Geschichte erzählen, dann macht Sie das authentisch. Zeigen Sie, dass Sie sich mit dem Thema auskennen, über das Sie schreiben, ja sogar, dass Sie es »am eigenen Leib« erlebt haben.

Denken Sie beim Schreiben der Geschichte daran, dass Sie an den vorhergehenden Text anknüpfen, das kann man sehr gut mit einem Satz machen, wie z. B.: »Auch ich war vor XY Jahren in der gleichen Situation.«

Dann sollte die Geschichte – auch wenn sie nur in ein paar Sätzen erzählt wird – spannend sein.
Wie erreicht man das?
Ein sehr gutes Beispiel dafür ist immer noch die Heldenreise, die als Grundlage für die Entwicklung vieler Romane und Filme gilt. Dieses Thema wurde besonders von Joseph Campbell erforscht. In seinem Buch *Der Heros in tausend Gestalten* können Sie mehr darüber lesen.
Oft befindet sich der Held am Anfang in einer aussichtslosen Situation und bekommt den Ruf zur Veränderung. Das kann auch ein innerer Impuls sein.
Zunächst möchte der Held sich nicht auf den Weg machen. Doch nach längerem Zögern entschließt er sich dann doch loszugehen. Dabei durchläuft er einige Schwierigkeiten und Prüfungen und gelangt schließlich geläutert zum Ziel.
Auch wenn das im Vorwort natürlich nicht so ausführlich beschrieben wird, hilft es vielleicht dennoch, diesen Ablauf im Kopf zu haben, wenn man im Vorwort über seine eigene Geschichte schreibt.
Eine sehr gute Zusammenfassung zu diesem Thema gibt es u. a. auch bei Wikipedia: http://de.wikipedia.org/wiki/Heldenreise.
Geschichten prägen sich ein und wer sie liest, hat seine Aha-Momente, weil er sich vielleicht sogar selbst in manchen Punkten wiedererkennt. Hier ein Beispiel für eine Geschichte, wie Corinna Neu sie vielleicht für ihr Buch schreiben würde:
Auch ich kenne das nur zu gut. Ich habe den Tag, an dem sich alles änderte, noch genau in der Erinnerung, als wäre es gestern gewesen. Es war sechs Wochen nach meinem 50. Geburtstag, als mein damaliger Chef mich in sein Büro rief. »*Frau Neu, sagte er,* »*wir werden die Filiale hier in Mannheim schließen. Aber, ich kann Ihnen das Angebot machen, eine gleichwertige Stelle in unserer Zentrale in Berlin zu bekommen.*«
Berlin, Berlin, ging es mir durch den Kopf. Ich hätte es ahnen können, denn schließlich war ich seine persönliche Assistentin und das schon seit 20 Jahren. War ich blind gewesen? Hatte ich

die Zeichen überhört, weil ich sie nicht hören wollte? Klar hatte ich gehört, dass der Umsatz gerade in unserer Mannheimer Filiale zurückgegangen war. Aber musste sie deshalb gleich geschlossen werden?

Drei Jahre zuvor hatte ich zusammen mit meinem Mann ein Haus am Rande von Heidelberg gebaut. Das Haus war unser Traumhaus! Mein Chef hatte mir vierzehn Tage lang Zeit gegeben, darüber nachzudenken, was ich tun wollte. Ich überlegte hin und her. Am Ende stand mein Entschluss fest: Nein, ich wollte nicht nach Berlin. Ich musste mir etwas anderes einfallen lassen.

Das war der Startschuss in mein neues Leben als Berufungsberaterin. Ich hatte Glück, dass ich eine Abfindung bekam und davon u. a. meine Coaching-Ausbildung finanzieren konnte. Es dauerte zwei Jahre, bis ich die erste Klientin hatte. Aber das war der Augenblick, an dem ich wusste, dass ich endlich meinen Traum lebe und dass es meine Aufgabe ist, anderen dabei zu helfen, sich ihre Träume bewusst zu machen und diese zu leben. Und da ich nun mittlerweile sogar über 50 bin, mache ich gerade denjenigen Mut, denen es in diesem Alter ähnlich geht, weil die Veränderung an die Tür klopft.

Erwähnen Sie die Highlights Ihres Buches
Anschließend können Sie auf die Highlights des Buches eingehen. Was erwartet die Leserin, den Leser? Wie sollte er das Buch benutzen? Ist es mehr ein Arbeitsbuch oder ein Buch, was erst einmal die theoretischen Inhalte beschreibt?

So könnte das bei Corinna Neu aussehen:

Nach dem Motto: »Man ist nie zu alt, um etwas Neues zu beginnen«, werde ich Ihnen in diesem Buch Möglichkeiten aufzeigen, wie Sie sich längst vergessene berufliche Träume ins Bewusstsein rufen können und mehr daraus machen können. Anhand von Fallbeispielen zeige ich Ihnen, wie eine erfolgreiche Selbstständigkeit gelingen kann, indem Sie sich Ihre Weisheit und Lebenserfahrung zunutze machen. Aber ich zeige Ihnen auch Wege auf, wie Sie auch ab 45+ noch Erfüllung in einem Job als Angestellte finden können. Dieses Buch ist ein Lesebuch, ein Mutmach-Buch und ein Praxisbuch. Deshalb gibt es auch zwischendurch immer wieder Übungen, die Sie ausprobieren können, um Ihrem Traumziel näher zu kommen.

Am Schluss wird das Vorwort abgerundet
Im Anschluss an diesen Teil sollten Sie noch einen schönen Schluss schreiben, der den Leser, die Leserin dazu auffordert, weiterzulesen. Mehr muss in einem solchen Vorwort meiner Ansicht nach gar nicht stehen.
Auch hierfür noch ein Beispiel von Corinna Neu:
Jetzt sind Sie dran! Nehmen Sie das Buch, schnallen Sie sich an und starten Sie durch, in Ihrem Tempo. Ich wünsche Ihnen gute Erkenntnisse, viel Freude beim Finden Ihrer vielleicht längst vergessenen Träume und Erfolg, wenn Sie diese Wirklichkeit werden lassen. Denken Sie daran, Leben ist jetzt! Und noch nie war die Zeit so ideal, um etwas zu ändern wie jetzt.
Ihre
Corinna Neu

Übung: Mein Vorwort
Jetzt sind Sie dran. Schreiben Sie das Vorwort zu Ihrem Buch. Überlegen Sie sich dafür zunächst die wichtigsten Stichworte für jeden Abschnitt:
- ✓ Einleitung
- ✓ Eigene Geschichte
- ✓ Die Highlights darstellen
- ✓ Schluss

Wenn Sie zu jedem dieser Abschnitte ein paar Stichworte notiert haben, dann beginnen Sie zu schreiben. Die Stichworte machen es Ihnen leichter, dem roten Faden zu folgen. Schreiben Sie zunächst alles auf, was Ihnen einfällt. Dann empfiehlt es sich, den Text laut zu lesen und zu schauen, wo Sie noch Änderungen vornehmen können. Überarbeiten Sie das Vorwort, die Eintrittspforte in Ihr Buch, solange bis Sie das Gefühl haben, jetzt ist alles rund.

Kreatives Zeitmanagement für Autoren

Wer zum ersten Mal ein Buch schreibt, hat meistens noch einen anderen Beruf. Sie sind im Hauptberuf wahrscheinlich Coach, Berater oder Trainer. Vielleicht haben Sie sogar noch Familie, Hobbys oder sind irgendwo ehrenamtlich tätig.

Zu dem Zeitpunkt, wo Sie sich für das Schreiben Ihres Buches entschieden haben, ist noch ein weiteres Projekt hinzugekommen, das auch noch Zeit beansprucht: Ihr Buch. Sie brauchen Zeit, um zu recherchieren, um das Buch zu planen, es zu schreiben und es zu überarbeiten.

Dann kommt die Suche nach dem Verlag oder Sie publizieren Ihr Buch selbst und müssen sich um Lektorat und Covergestaltung kümmern.

Ist das Buch erst einmal erschienen, dann ist es damit nicht getan. Jetzt müssen Sie sich als Autor bekannt machen. Schließlich soll die Welt erfahren, dass es Ihr Buch gibt.

Das alles benötigt Zeit, viel Zeit. Ich weiß, wovon ich hier schreibe. Auch ich bin (noch nicht) hauptberuflich Autorin, sondern habe mehrere Jobs. Vier Tage in der Woche arbeite ich als Redakteurin in einer Untertitel-Redaktion für Hörgeschädigte. Außerdem begleite ich als Schreib-Coach Menschen, die ihre Bücher schreiben oder Internet-Seiten texten wollen, habe Hobbys, Freunde und Familie.

Also begann ich zu überlegen, wie ich den Traum vom Bücherschreiben verwirklichen kann, obwohl mein Leben schon mit diesen anderen Dingen ausgefüllt ist.

Wie konnte ich es schaffen, nebenberuflich zu schreiben, so dass es in mein Lebenskonzept passt?

Da ich sicher nicht die Einzige bin, der es so geht, gibt es in diesem Buch ein Kapitel zum Thema »Zeitmanagement für Autoren«.

Ich gebe Ihnen Tipps aus meiner eigenen Schreib- und Zeitmanagement-Werkstatt.

Schauen Sie doch einfach mal, wo Sie Ihre Aha-Erlebnisse

haben, was Sie anspricht und wo Sie spontan sagen: Das gefällt mir. Das passt zu mir Das probiere ich jetzt aus.

Spurensuche: Was hält mich vom Schreiben ab?
Sie haben den PC hochgefahren, Ihr Textverarbeitungsprogramm geöffnet und wollen mit dem Schreiben beginnen. Hand aufs Herz: Gibt es da vielleicht eine Stimme in Ihnen, die sagt: »Ich schaue nur noch mal schnell, was für Mails ich bekommen habe? Ach, und dann mache ich doch Facebook auch gleich noch mit und schaue, wie viele Likes ich bekommen habe, weil ich so einen schönen Spruch gepostet habe. Den neuen Kontakt auf Xing muss ich auch noch bestätigen und auf Google+ habe ich jemanden entdeckt, der so spannende Beiträge schreibt.«
Schon ist es passiert: Sie haben sich in der Welt der sozialen Netzwerke verloren. Das ist mir schon öfters so gegangen. Ich wollte eigentlich nur mal ganz kurz schauen, und daraus wurden dann zwei Stunden. Zeit, die mir zum Schreiben fehlte.

Deshalb mein Tipp:
Am besten setzen Sie feste Zeiten für Social Media und Internet fest. Wenn die Versuchung kommt, dennoch in sozialen Netzwerken oder nach den E-Mails zu schauen, sollten Sie konsequent sein. Das ist manchmal leichter gesagt als es getan ist, aber es ist die einzige Möglichkeit, wenn Sie weiterkommen wollen. Vielleicht hilft es Ihnen ja auch, wenn Sie in solchen Momenten den folgenden Satz laut vor sich her sagen: »Wenn ich schreibe, dann schreibe ich.« Das bedeutet nichts anderes als: Ich bin im Hier und Jetzt und mein Hier und Jetzt ist im Moment das Schreiben.

Sich vor weiteren Ablenkungen am Wegesrand schützen
Neben dem Internet gibt es natürlich noch weitere Ablenkungen: Da klingelt das Telefon und eine Freundin ruft an. Oder der Blick fällt auf den Berg Wäsche, der gewaschen und gebügelt werden will, den Abwasch in der Küche etc.

Die Ablenkung an der Tür
Was mir auch schon passiert ist: Der Postbote klingelt und bringt ein Päckchen mit Büchern, die ich bestellt habe. Natürlich muss ich sofort das Schreiben unterbrechen und mir die Bücher anschauen. Dann lese ich solange, bis der Hunger mich wieder in die Küche treibt. Als ich am Schreibtisch vorbei gehe, fällt mein Blick auf den PC und mir wird bewusst: Ach »eigentlich« wollte ich ja schreiben.

Sorgen, die Sie beschäftigen
Hier noch eine weitere »Ablenkungsmöglichkeit«: Sie haben sich über etwas geärgert oder aber eine Situation in Ihrem Leben beunruhigt Sie so sehr, dass Sie ständig darüber nachdenken. Dann ist Ihr Verstand ständig mit dieser Sache beschäftigt. Auch das ist als Ablenkung nicht zu unterschätzen.

Das Fernsehen als Schreibzeit-Killer
Und noch einen weiteren Schreibzeit-Killer möchte ich hier gerne erwähnen: Das Fernsehen. Wie schnell sind da mehrere Stunden vergangen. Ein normaler Spielfilm dauert ja schon alleine 90 Minuten. Zeit, in der Sie durchaus auch schreiben könnten.

Vielleicht fallen Ihnen noch mehr Ablenkungen ein, die Ihre ganz persönlichen »Favoriten« sind. Ansonsten sollte das hier erst einmal genügen, um Ihr Bewusstsein für die Ablenkungen am Rande des Schreibweges zu schärfen.

Tipp:
Wenn Sie merken, Sie tappen gerade wieder in eine Ablenkungsfalle, dann fragen Sie sich: Muss das jetzt wirklich sein? Oder geht das auch noch später.

Eine Freundin ruft an
Eine Freundin ruft an und Sie spüren, dass sie in Not ist. Dann geht in diesem Moment vielleicht die Freundin vor. Ansonsten können Sie ja auch ehrlich sagen, dass Sie gerade schreiben und später zurückrufen.

Der Haushalt
Sie sehen die Wäsche, die noch gebügelt werden muss. Das können Sie sich z. B. auch auf die To-Do-Liste für den Nachmittag oder den nächsten Tag schreiben. Mir hilft das manchmal, wenn ich schriftlich festlege, wann ich solche Dinge erledige, denn dann kann ich das erst einmal loslassen, mich dem Schreiben widmen und das andere später erledigen.

Die idealen Schreibzeiten finden
Jeder Mensch ist anders. Es gibt Frühaufsteher, die sogenannten Lerchen, und die Nachteulen, die gerne spät abends oder bis in die Nacht hinein arbeiten. Was bevorzugen Sie und was passt zu Ihrem Lebensskript?

Vielleicht sagen Sie sich »Morgenstund hat Gold im Mund« und stehen gerne ein bis zwei Stunden früher auf, um Ihr tägliches Schreibpensum zu erledigen.

Oder aber Sie kommen von der Arbeit nach Hause, widmen sich Ihrer Familie und haben dann noch die Energie zu schreiben, z. B. wenn die Kinder im Bett sind.

Wenn Sie natürlich den Vormittag oder den Nachmittag zum Schreiben nutzen können, ist das ideal. Da ich aber davon ausgehe, dass die meisten Autoren diese Zeiten wahrscheinlich beruflich geblockt haben, habe ich mich hier zunächst mal auf den Morgen vor der Arbeit und den Abend nach der Arbeit konzentriert.

Tipp:
Sollten Sie noch nicht so recht wissen, was Ihre besten Schreibzeiten sind, dann beobachten Sie sich doch mal eine Woche lang und fragen Sie sich: Wann habe ich – neben dem Job – die meiste Energie zum Schreiben? Wann müsste ich mich eher zwingen? Wann geht es leicht?

Weitere Schreibräume im Alltag
Neben morgens und abends gibt es noch Zeiten, die ebenfalls als Schreibzeiten genutzt werden können, an die man aber gar nicht immer gleich denkt.

Beobachten Sie mal, wie oft Sie am Tag zwischendurch Leerläufe haben.

Ideen für kürzere Schreibsessions:
- ✓ In öffentlichen Verkehrsmitteln schreiben, z. B. in der Bahn auf dem Weg zur Arbeit.
- ✓ Einen Teil der Mittagspause zum Schreiben nutzen.
- ✓ Beim Warten im Wartezimmer, an der Bushaltestelle, etc. einen Block zücken und schreiben.

Die Magie der kleinen Schritte
Für nebenberufliche Autoren ist es sehr hilfreich, sich den Schreibprozess in kleine Schritte aufzuteilen.

Wer sagt denn, dass man immer mehrere Stunden am Stück schreiben muss? Besser, Sie schreiben 10 Minuten am Tag als gar nicht!

Manchmal fällt es einem einfach leichter, wenn man das Schreiben eines Buches nicht als einen so großen Berg vor sich liegen sieht, sondern diese Aufgabe in kleine Schritte unterteilt. Einer dieser Schritte kann sein, dass Sie sich dafür entscheiden, jeden Abend zehn Minuten an Ihrem Buch zu schreiben. Wenn Sie dann doch mal dranbleiben und länger schreiben wollen, dann können Sie das immer noch tun.

Außerdem können Sie natürlich auch einen Tag in der Woche zum Schreibtag erklären, an dem Sie mehrere Stunden hintereinander schreiben.

Mit diesen Tipps sollte es auch gelingen, ein Buch nebenberuflich fertigzustellen. Die gleichen Tipps können Sie anwenden, wenn es ans Überarbeiten geht. Auch hier können Sie für jede Woche festlegen, welches Pensum Sie schaffen wollen und wann. Auch das Marketing für Ihr Buch können Sie zu bestimmten Zeiten erledigen, die Sie vorher festlegen.

Übung: Der wöchentliche Schreibzeitplan
Vielleicht möchten Sie jedes Wochenende einen Schreibzeitplan für die Folgewoche machen. Nehmen Sie sich Ihren Ter-

minkalender und schauen Sie nach freien Zeiten, in denen Sie schreiben können. Tragen Sie diese Zeiten als feste Schreibzeiten ein. Beobachten Sie, wie Sie sich dabei fühlen und ob Sie diese auch einhalten. Wenn es nicht immer klappt, dann verzweifeln Sie nicht gleich. Schauen Sie dann lieber, was Sie noch optimieren können, ohne dass es für Sie in Mega-Stress ausartet.

Vielleicht hilft es Ihnen auch, sich mit einem kleinen Ritual auf die Schreibzeiten einzustellen. Sie können z. B. eine kurze Meditation machen und z. B. in Ihren inneren Schreibraum gehen. Oder Sie hören vor dem Schreiben noch mal Ihr Lieblingslied und tanzen dazu, um den Stress des Tages abzuschütteln und sich in eine gute Stimmung fürs Schreiben zu bringen. Oder Sie schreiben sich frei, indem Sie im Freewriting erst einmal alles aufschreiben, was Sie den Tag über bewegt hat, um es loszulassen und den Kopf frei zu haben.

Sprechen Sie auch mit den Mitgliedern Ihrer Familie, dass Sie zu diesen Zeiten ungestört arbeiten wollen. Das Telefon stellen Sie am besten ab und den Browser fürs Internet öffnen Sie lieber auch gar nicht erst. Dann sind Sie bereit, sich ganz Ihrem Buch zu widmen. Und denken Sie daran: Wenn Sie schreiben, dann schreiben Sie! Die beste Schreibzeit ist in diesem Augenblick!

Wenn der Schreibflow ausbleibt

Wahrscheinlich ist jeder Autor ihnen schon mal begegnet: Den Schreibblockaden.

Anzeichen für eine Schreibblockade können z. B. sein:
- ✓ Statt zu schreiben, macht man lieber etwas anderes.
- ✓ Man sitzt vor dem leeren Bildschirm, und es fällt einem nichts ein.
- ✓ Man hat einen Plan und eine Struktur, z. B. für ein Buch, stößt diese aber ständig wieder um.
- ✓ Man schreibt einen Text und löscht ihn sofort wieder, weil man ihn nicht gut genug findet.
- ✓ Man kann Abgabetermine nicht einhalten, weil man das Schreiben immer vor sich herschiebt.
- ✓ Man verspannt sich beim Schreiben.

Ursachen für Schreibblockaden können u. a. sein:
- ✓ Man hat sich nicht gut genug vorbereitet und benötigt noch Recherche-Ergebnisse.
- ✓ Man schreibt zum ersten Mal einen Artikel, ein Buch etc. Es fehlt das Fachwissen über den Aufbau und die Vorgehensweise.
- ✓ Man hat zu wenig Selbstvertrauen in die eigenen Schreibfähigkeiten.
- ✓ Man hat als Kind immer wieder gehört, dass man nicht schreiben kann.
- ✓ Man hat Angst vor Kritik.

Nehmen wir mal an, Sie haben genug Material für Ihr Buch gesammelt und haben auch eine Idee, wie die einzelnen Kapitel aufgebaut sein sollen. Es liegt also nicht an der Recherche oder dem Fachwissen zum Thema »Schreiben«, dass Sie mit Ihrem Buch nicht weiterkommen.

Dann habe ich trotzdem eine gute Nachricht für Sie: Es gibt

zum Glück viele kreative Übungen, um mit Schreibblockaden umzugehen. Einige davon möchte ich hier vorstellen. Bevor ich Ihnen ein paar Übungen verrate, hier noch etwas ganz Grundlegendes:

Trennen Sie immer den Schreibprozess von der Überarbeitung!
Sicher kennen Sie das auch: Sie schreiben ein paar Sätze und Ihnen kommen Gedanken wie: »Ach, das klingt doch alles blöd. Wer soll das schon lesen? Du wirst dich mit Haut und Haaren blamieren, wenn du deinen Text anderen zeigst.«

Das ist ein Zeichen dafür, dass der sogenannte innere Kritiker mal wieder zugeschlagen hat. Der innere Kritiker ist einer unserer Persönlichkeitsanteile. Seine Aufgabe ist es, uns davor zu bewahren, dass wir im Außen schlecht dastehen, dass wir uns blamieren.

Leider blockiert er uns, wenn er während des Schreibens seine Stimme erhebt. Dann hilft es nur noch, ein ernstes Wort mit ihm zu reden. »Lieber innerer Kritiker, danke, dass es dich gibt. Aber jetzt schreibe ich erst einmal. Später, wenn ich meinen Text überarbeite, bist du mir eine wertvolle Hilfe.« So oder ähnlich könnte die kreative Unterhaltung mit dem inneren Kritiker aussehen.

Oder Sie sagen: »Stopp! Jetzt schreibe ich. Es ist die erste Version, die wird sowieso überarbeitet. Da darf ich schreiben, was ich will!«

Dieser imaginäre Dialog dient dazu, Ihnen dabei zu helfen, das Schreiben und Überarbeiten klar zu trennen, denn sobald man beides vermischt, geht es schief.

Freewriting mit dem Pluselement
Über Freewriting habe ich ganz am Anfang des Buches schon etwas geschrieben. Sie nehmen ein Blatt Papier oder öffnen ein neues Dokument in Ihrer Textverarbeitung und schreiben für einen kurzen Zeitraum einfach drauflos.

Freewriting mit dem Pluselement bedeutet, dass Sie Freewriting über ein bestimmtes Thema machen. Nehmen wir mal an, Sie kommen mit einem Kapitel Ihres Buches nicht weiter. Dann nehmen Sie sich das Thema und schreiben Sie in einer neuen Datei oder auf einem Blatt Papier alles auf, was Ihnen dazu einfällt, ohne es zu zensieren oder zu strukturieren. Das hilft auch, den Faden wieder aufzunehmen, wenn man scheinbar nicht weiterkommt.

Das Cluster nach Gabriele L. Rico
Eine sehr schöne Möglichkeit, um wieder in den Schreibfluss zu kommen, ist auch das Cluster. Gabriele L. Rico schreibt dazu in ihrem Buch *Garantiert schreiben lernen,* Rowohlt Verlag 1993 auf Seite 27: »Das Clustering ist ein nichtlineares Brainstorming-Verfahren, das mit der freien Assoziation verwandt ist. Durch die blitzartig auftauchenden Assoziationen, in deren ungeordneter Vielfalt sich unversehens Muster zeigen, wird die Arbeitsweise des bildlichen Denkens sichtbar.«

Bei einem Cluster schreibt man in die Mitte einen Hauptbegriff und kreist ihn ein. Dann schreibt man die Begriffe um den Hauptbegriff herum, die einem zu dem Thema einfallen und kreist sie ebenfalls ein. Dabei gibt es keine besondere Ordnung und Struktur, so wie bei einer Mindmap. Es kann passieren, dass manchmal Ideen auftauchen, an die man vorher noch gar nicht gedacht hat. Diese Ideen scheinen vielleicht auf den ersten Blick gar nicht zum Thema zu passen. Aber man sollte sie dennoch notieren. Das Cluster ist eine gute Möglichkeit, auch die Intuition, Kreativität und das ganzheitliche, bildhafte Denken mit einzubeziehen.

Hier ein Beispiel-Cluster, wie es vielleicht auch Corinna Neu zu ihrem Thema »berufliche Neuorientierung 45+« gemacht haben könnte:

Abbildung 4: Cluster

Mit Bildkarten arbeiten
Sie können auch mit Bildkarten arbeiten. Entweder Sie haben ein schönes Kartendeck oder – noch besser – Sie fertigen sich selbst Karten an.
Dafür brauchen Sie Karteikarten in DIN A 5 und Zeitschriften, die Sie nicht mehr brauchen. Schneiden Sie spontan einige Bilder aus, die Sie ansprechen und kleben Sie diese auf die Karteikarten. Wenn Sie das nächste Mal beim Schreiben nicht weiterkommen, dann legen Sie die Karten verdeckt hin und ziehen intuitiv eine Bildkarte.
Reflektieren Sie über diese Karte und darüber, was sie mit Ihrem Text zu tun haben könnte. Wenn Sie möchten, dann können Sie auch etwas über dieses Bild schreiben. Anschließend wenden Sie sich wieder Ihrem Buch zu.

Etwas ganz anderes tun
Wenn Sie mit Ihrem Text nicht weiterkommen, tun Sie doch einfach mal etwas anderes. Gehen Sie eine halbe Stunde spazieren, schreiben Sie ein Gedicht oder ein Märchen. Machen Sie ein paar Yoga- oder Qi-Gong-Übungen oder meditieren Sie. Sie können auch eine Reise in Ihren inneren Schreibraum machen und schauen, ob Sie dort einen Impuls zum Weiterschreiben bekommen. Oder Sie hören Ihr Lieblings-Musikstück und tanzen dazu.

Der Zufalls-Buch-Generator
Nehmen Sie irgendein Buch aus dem Regal, welches Ihnen gerade ins Auge fällt. Atmen Sie ein paar Mal tief ein und aus und konzentrieren Sie sich innerlich auf die Stelle in Ihrem Buch, wo Sie gerade nicht weiterkommen. Schlagen Sie dann, ohne groß zu überlegen eine Seite auf und lesen Sie einen Satz laut, der Ihnen ins Auge springt. Vielleicht helfen Ihnen die Inhalte dort weiter oder ein bestimmtes Wort in dem Satz inspiriert Sie. Ein einfaches Experiment, das sich lohnen kann.

Es gibt noch eine ganze Reihe weiterer Übungen, doch mit dieser kleinen Auswahl kommen Sie schon sehr weit.

Übung: Die Intuition entscheidet
Sollten Sie mal wieder eine Schreibblockade haben, dann schlagen Sie doch einfach dieses Kapitel auf. Fragen Sie sich: Welche der Übungen spricht mich spontan an. Dann probieren Sie diese Übung aus und schauen, ob Sie damit wieder in den Schreibfluss kommen.

Ausblick

Mit diesem Kapitel endet der erste Teil dieses Zweiteilers über das Schreiben, Veröffentlichen und Vermarkten eines erfolgreichen Selbsthilfe-Ratgebers.

Ich bedanke mich ganz herzlich bei Ihnen für Ihr Vertrauen. Wenn Sie das Buch bis hierher verfolgt und die Übungen gemacht haben, dann sollte Ihr Ratgeber schon ziemlich gewachsen sein. Vielleicht sind Sie sogar schon mit der ersten Version fertig. Herzlichen Glückwunsch!

Denken Sie daran, wenn Sie die erste Version schreiben: Die erste Version ist nie die letzte! Und noch etwas: Ein Buch kann 300 Seiten haben, muss es aber nicht. Vielleicht möchten Sie erst einmal ein Buch schreiben, das nicht so umfangreich ist, wenn Ihnen das leichter fällt.

Im zweiten Buch erzähle ich Ihnen, wie Sie Ihr Buch überarbeiten können und es fit für die Eigenveröffentlichung oder einen Verlag machen. Mit den kreativen Methoden, die ich Ihnen vorstelle, kann auch diese Arbeit Spaß machen.

Außerdem plaudere ich aus dem Nähkästchen, was das Thema Selfpublishing angeht. Ich erzähle Ihnen, was bei mir funktioniert und was nicht funktioniert.

Wir widmen uns auch dem Thema »Kreatives Internet-Marketing für Ihr Buch«. Ich erzähle Ihnen, wie ich meine Bücher bekannt mache. Welches Potenzial bieten soziale Netzwerke? Warum sollten Sie einen eigenen Blog haben? Wie geht das mit dem Blog? Wie entwickeln Sie Inhalte für Ihren Blog, die Sie und Ihr Buch nach vorne bringen? Welche Möglichkeiten gibt es sonst noch, sich mit dem eigenen Buch als Experte zu etablieren? Mehr erfahren Sie 2016, wenn das Buch erscheint. Seien Sie gespannt!

Doch jetzt wünsche ich Ihnen erst einmal viel Freude beim Schreiben Ihres ersten Selbsthilfe-Ratgebers und allzeit kreative Ideen.

Lesetipps

Andreas Baumert: *Interviews in der Recherche. Redaktionelle Gespräche zur Informationsbeschaffung*, VS Verlag für Sozialwissenschaften 2012

Janet Bray Attwood, Marci Shimoff, Chris Attwood, Geoff Affleck: *Enlightened Bestseller: 7 Keys to Creating a Successful Self-Help Book*, Enlightened Alliances, LLC 2014

Julia Cameron: *Der Weg des Künstlers. Ein spiritueller Pfad zur Aktivierung unserer Kreativität*, Knaur MenSana 2009

Natalie Goldberg: *Schreiben in Cafés*, Autorenhaus-Verlag 2009

Zayne Forrest: *Speed Writing: How to Write a Nonfiction Book in 36 Hours or Less*, writingtosuccess 2014

Aine Greaney: *Writer with a Day Job: Inspiration & Exercises to Help You Craft a Writing Life Alongside Your Career*, Writer's Digest Books 2011

Matthias Matting: *Die Self-Publisher-Bibel - Das Jahrbuch für Indie-Autoren 2013*, Kindle-E-Book

Jürgen Müller: *So schreiben Sie mühelos ein tolles dickes Buch: Creative Writing* – Kreatives Schreiben, Kindle E-Book 2015

Richard Norden: *Zeit zum Schreiben*, Kindle-E-Book 2013

Gabriele L. Rico: *Garantiert schreiben lernen. Sprachliche Kreativität methodisch entwickeln - ein Intensivkurs auf der Grundlage der modernen Gehirnforschung*, Rowohlt 2004

Sandra Uschtrin, Heribert Hinrichs, *Handbuch für Autorinnen und Autoren*, 8. Auflage, Uschtrin Verlag 2015

Die Autorin

Anne-Kerstin Busch berät seit vielen Jahren Coaches, Trainer, Berater und Heilpraktiker beim Texten ihrer Flyer, Internet-Seiten und Ratgeber-Bücher.

In Ihren Schreibkursen lehrt sie eine besondere Methode, bei der Wert darauf gelegt wird, dass die Teilnehmer ihre persönliche Schreibstimme finden und aus dem Herzen schreiben. Sie hat schon vielen dabei geholfen, ihr Selbstvertrauen in die eigenen Schreibfähigkeiten zu stärken.

Anne-Kerstin Busch ist Autorin, Schreib-Coach und Blogberaterin. In ihren Beratungen und Workshops verbindet sie kreative Übungen mit dem journalistischen Know-how aus ihrer langjährigen Tätigkeit als Redakteurin in einer Teletext-Redaktion.

Seit Jahren gibt sie auf ihrem Blog regelmäßig Tipps, wie man seine Einzigartigkeit finden und darüber schreiben kann. Außerdem schreibt sie Kurzgeschichten, die dazu inspirieren sollen, aus der Weisheit des Herzens zu leben.

Sie studierte Musikwissenschaft, Buchwissenschaft und Philosophie an der Johannes Gutenberg-Universität Mainz.

Weitere Informationen: www.anne-kerstin-busch.com

Online-Kurs: »Jetzt schreib ich das verflixte Buch!«

Sie möchten Ihren Ratgeber lieber mit Begleitung schreiben? Den Job als Autor finden Sie zu einsam? Sie hätten gerne den Austausch in einer Gruppe mit anderen Autoren, die das gleiche Ziel verfolgen?

Dann ist der 12-Wochen-Online-Kurs das Richtige für Sie!

Dieser Kurs wurde speziell für Coaches, Trainer, Berater und Heilpraktiker entwickelt, die lieber in der Gruppe arbeiten als alleine.

Was bekommen Sie:
- ✓ Ein umfangreiches Workbook
- ✓ Austausch in einer geschlossene Facebook-Gruppe
- ✓ Online-Sprechstunden für Feedback von der Trainerin
- ✓ Eine geniale, kreative Schritt-für-Schritt-Methode, mit der Ihr Buch auch gut nebenberuflich entstehen kann
- ✓ Optional: 5 Einzelcoachings fürs Dranbleiben und Vorankommen
- ✓ Der Kurs ist flexibel: Sie können jederzeit loslegen.

Ihre Trainerin: Anne-Kerstin Busch, seit 2003 Schreib-Coach und Autorin.

Weitere Infos: www.anne-kerstin-busch.com

Durch Schreiben zum Erfolg

Werden Sie Teil der Schreib-Community und lernen Sie die Autorin persönlich kennen!

Erfahren Sie mehr darüber, ...
- ✓ wie Sie das Schreiben für Ihre Persönlichkeitsentwicklung nutzen können.
- ✓ wie Sie einen eigenen Blog aufbauen und wie dieser Sie als Autor/-in nach vorne bringen kann.
- ✓ wie Sie Bücher aus dem Herzen schreiben.
- ✓ wie Sie sich mit kreativem Internet-Marketing bekannt machen können.

Webinare rund um das Thema »Schreiben«:

Heutzutage können Sie sich ganz einfach und bequem von zuhause aus über das Internet weiterbilden. Sie brauchen nur einen PC mit Internet-Anschluss und ein Headset.

Besuchen Sie die Akademie »Durch Schreiben zum Erfolg!« Dort gibt es Webinare rund um das Thema »Schreiben«. Einige davon sind sogar kostenlos.

https://www.edudip.com/academy/anne-kerstin.busch

Facebook-Gruppe:

Sie hätten gerne einen lockeren Austausch über alles, was Sie zum Thema »Schreiben« bewegt?

In der Facebook-Gruppe »Durch Schreiben zum Erfolg« gibt es Inspirationen rund ums Schreiben, von A wie Aufbau (des Buches) über T wie Tagebuch bis hin zu Z wie Zeitschriftenartikel. Die Gruppe dient dem Austausch und der Motivation, Schreibprojekte zu beginnen und auch dranzubleiben. Hier der Link zur Gruppe: https://www.facebook.com/groups/schreiberfolg/

Einzel-Coaching:
Manchmal braucht man mehr als nur den lockeren Austausch in einer Facebook-Gruppe. Wenn Sie sich lieber eine individuelle Begleitung beim Schreiben Ihres Buches wünschen, dann ist ein Einzelcoaching die beste Variante für Sie. Es wird ganz auf Ihre Bedürfnisse zugeschnitten und findet am Telefon oder via Skype statt.

Weitere Infos erhalten Sie per E-Mail:
post@anne-kerstin-busch.com

Kostenloser Newsletter:
Abonnieren Sie auf www.anne-kerstin-busch.com den kostenlosen Newsletter und profitieren Sie von exklusiven Angeboten nur für Newsletter-Leser/-innen.

Weitere Bücher der Autorin

***Wenn das Leben Geschenke macht*, 2014 erschienen bei BoD**

Lassen Sie sich von diesen Geschichten aus dem Leben dazu inspirieren, Ihr eigenes Leben auch mal aus einem anderen Blickwinkel zu betrachten. Entdecken Sie die Schönheit und die Liebe, die im Alltäglichen verborgen sind.

***Weihnachten – Zeit der Wunder,* 2013 erschienen bei BoD**

Weihnachtsgeschichten für die ganze Familie, mal heiter, mal besinnlich. Setzen Sie sich gemeinsam am Weihnachtsabend an den Tisch und lesen Sie eine der Geschichten. Lassen Sie sich von den Weihnachtswundern verzaubern.

Zu guter Letzt

Wenn wir aus dem Herzen schreiben, öffnen wir uns für die kostbaren Schätze, die in uns sind. Wir bringen diese in eine Form und stellen Sie anderen zur Verfügung, damit sie daran teilhaben können.

- Anne-Kerstin Busch